혁명의 조리도구 에어프라이어 200% 활용법

에어프라이어 만능 레시피북

겨울딸기 강지현 지음

메가스터디BOOKS

PROLOGUE

에어프라이어,
어디까지 써보셨나요?

기름 없이 공기로 음식을 튀겨준다는 에어프라이어 광고를 몇 년 전 처음 접했을 때는 '기름 없이 튀김이라니… 글쎄 맛은 어떨까?' 싶은 데다 가격도 저렴하지 않았던 터라 선뜻 기계를 구입하는 사람은 주변에 얼마 없었어요. 그런데 지난해부터인가 중저가의 다양한 제품들이 속속 등장하고 다양한 활용법들이 회자되면서 이제는 가전제품 매장에서는 물론, 마트 채소 코너 옆에서도 매대를 볼 수 있을 정도로 인기를 끄는 '핫한' 제품이 되었습니다. 그러다 보니 제 블로그나 쿠킹 클래스를 찾아 오시는 분들도 심심찮게 "겨울딸기님도 에어프라이어 쓰세요? 뭐뭐 해보셨어요? 요즘 무슨 요리가 엄청 인기래요." 하는 얘기들을 하시더라고요. 그러던 중에 저랑 친분이 있는 편집자분이 연락을 해서는 "에어프라이어도 겨울딸기가 활용하면 더 쉽고 다양한 요리를 만들 수 있지 않을까요? 저도 최근에 샀는데 생각보다 활용도가 꽤 높더라고요." 하면서 레시피 북 제안을 해 왔습니다.

혼밥족에 집에서 거의 음식을 해 먹지 않는다는 '요알못(요리를 알지 못하는)'인 그녀까지 샀다는 얘기를 들으니 요즘 유행하는 말처럼 정말 '혁명의 조리도구'인가 보다 싶더군요. 예전에 에어프라이어를 구입하거나 증정품으로 받았는데 냉동식품 돌려 먹는 것 외에 딱히 뭘 해야 할지 잘 몰라서 몇 번 쓰고는 베란다 한편에 방치해두고 있다는 이야기를 이웃들에게 들었던 것도 그제서야 생각이 났습니다.

써보니 에어프라이어는 작은 '오븐'과도 같았어요

이런 것들을 떠올리며 에어프라이어로 사람들이 흔히 해 먹는다는 냉동 제품부터 제 나름의 반찬류까지 이런저런 음식들을 하나씩 해보기 시작했습니다. 쓰다 보니 이 기계는 '프라이어'라는 이름으로 불리기에는 좀 아쉬운 부분이 있다는 생각이 들었어요. 오히려 다양한 재료를 맛있게 구워내는 재주가 있는 작은 '오븐'에 가까워 보였습니다. 집에 오븐을 들이기에는 가격이나 공간 문제 때문에 비효율적이라고 느낄 싱글족이나 소가족에게 그래서 더 인기가 높겠구나 하고 수긍이 되었어요.

에어프라이어 요리는 이래서 좋았어요

에어프라이어의 가장 큰 장점은 아무래도 '간편성'이라고 생각해요. 요리할 때는 일단 냄비나 프라이팬을 꺼내 지지고, 볶고, 끓여야 하고 조리하는 내내 눈을 떼지 못하고 옆에서 지켜봐야 하는 경우가 대부분인데 에어프라이어는 재료를 넣고 나면 '땡' 하는 소리가 나기 전까진 거의 신경을 쓰지 않아도 되니까요. 또 사방에 튀는 기름이나 온 집에 가득한 음식 냄새 걱정도 한결 줄어들고요.

하지만 이런 장점이 있어도 막상 조리해 나온 음식이 맛이 없다면 별로 쓰고 싶지 않을 거예요. 에어프라이어는 이 부분도 꽤 훌륭했습니다. 재료 자체에 기름기가 많은 음식은 훨씬 더 담백하게 조리가 되어 좋았고, 원래 프라이팬에 기름을 꽤 넉넉히 둘러야 조리되었던 종류의 음식도 가볍게 오일 코팅 정도만 해주면 맛있게 나와서 식용유 섭취량이 절반 이하로 확 줄어드는 것을 확인할 수 있었어요. 특히 한 번 튀긴 상태로 가공되어 이미 식용유 성분을 품고 있는 시판 냉동 제품(감자튀김, 치킨 너깃 등)은 전혀 기름을 넣지 않고 조리해도 충분히 바삭하게 구워져 '이때까지 안 먹어도 될 기름을 더해서 먹었구나' 하는 생각까지 들더라고요. 이외에도 냄새와 기름 때문에 집에서 해 먹기 꺼려지던 삼겹살, 곱창, 닭 요리 등도 기대보다 훨씬 훌륭하게 조리되어 나오는 것을 보며 역시 인기가 있는 데는 이유가 있다는 것을 느낄 수 있었습니다.

에어프라이어로 꼭 해 먹어볼 만한 요리만 쉽게 담았어요

사람들이 에어프라이어로 가장 해보고 싶어 하는 요리들을 고르고, 또 제가 해봤더니 맛있어서 추천하고 싶은 요리들까지 더해 하나하나 몇 번씩 해보고 온도와 시간을 체크해가며 최대한 꼼꼼하게 레시피를 작성하였습니다. 하지만 에어프라이어가 브랜드마다 크기마다 컨디션이 다르고, 제품마다 열을 뿜어내는 상단의 열선 높낮이도 달라 같은 재료를 넣어도 소요되는 시간이 약간씩 다를 거라는 점은 미리 말씀을 드려야 할 것 같아요. (전 2.5L짜리 제품을 사용했어요.) 에어프라이어의 장점 중 하나가 조리 중간에 바스켓 속 내용물을 쉽게 확인할 수 있다는 점이니 처음 요리를 해보실 때는 중간에 한 번씩 바스켓을 꺼내 재료가 익는 정도를 확인해보시는 것을 추천합니다.

또 에어프라이어를 사용하는 사람들이 가장 중요하게 생각하는 간편성을 고려해 복잡하거나 어려운 재료가 들어가는 요리는 넣지 않았어요. 저부터도 복잡하고 어려운 요리를 만들 생각이라면 굳이 에어프라이어를 사용하진 않을 테니까요. 하지만 그러면서도 요즘은 다들 건강한 밥상을 원하는 만큼 가급적 간단하면서도 재료를 건강하게 즐길 수 있는 조리법을 소개하려고 노력했습니다.

집에 에어프라이어가 있는데 별다른 활용법을 몰라 냉동 식품만 돌려 드셨던 분들이 이 레시피 북을 통해 좀 더 쉽고 다양한 에어프라이어 요리를 하실 수 있게 된다면, 그래서 집에서 하는 식사가 한층 더 즐거워진다면 더할 나위 없이 기쁠 것 같아요.

또 한 번의 책 작업으로 좋은 분들과 뜻깊은 추억을 남길 수 있는 기회를 만들어주신 메가스터디 단행본팀 김민정 팀장님, 요리하는 저보다 더 마음을 담아 음식을 맛있게 사진에 담아주신 포토그래퍼 이종수 작가님, 바쁜 일상을 쪼개어 하루 종일 잰걸음으로 본인 일처럼 몇 날 며칠을 묵묵히 함께해주셨던 어시스턴트 선생님들께 끝으로 감사 인사 드립니다.

겨울딸기 강지현

CONTENTS

PROLOGUE | 에어프라이어, 어디까지 써보셨나요?

STEP 1	계량법	12
STEP 2	에어프라이어 사이즈 비교(2.5L vs. 3.5L)	13
STEP 3	프라이팬에 구운 만두 vs. 에어프라이어에 구운 만두	14
STEP 4	에어프라이어 관리법	15
STEP 5	에어프라이어 사용 시 갖춰두면 좋은 도구	16
STEP 6	에어프라이어 조리 팁	18
STEP 7	에어프라이어와 찰떡궁합! 굽기만 해도 꿀맛인 재료 Best	20

CHAPTER 1

고기·해물류

닭날개간장구이	30
대창통마늘구이	32
통삽겹살&감자구이	34
닭똥집구이	36
매콤등갈비립	38
곱창채소볶음	40
대패삼겹살고추말이	42
로스트치킨	44
촙스테이크	46
벌집삼겹살구이	48

닭꼬치	50
닭봉매콤조림	52
달걀프리타타	54
스카치에그	56
감바스	58
새우버터구이	60
오징어링튀김	62
굴튀김	64

연어스테이크	66
갈치카레구이	68
춘권피게살말이	70
고등어간장구이	72
오징어버터구이	74
총알오징어고추장구이	76
멸치마늘채볶음	78

CHAPTER 2

빵류

몬테크리스토	82
식빵핫도그	84
에그마요토스트	86
식빵추로스	88
못난이식빵	90
멘보샤	92
포켓피자	94
에그마요베이컨롤	96
바게트마늘빵	98
고구마식빵피자	100
달걀빵	102
하이토스트	104

CHAPTER 3　　　　채소류

어니언링튀김	108
구운삼각주먹밥	110
가지구이무침	112
모둠채소구이	114
양송이게맛살치즈구이	116
고구마치즈볼	118
밥피자	120
구운버섯샐러드	122
고구마맛탕	124
단호박에그슬럿	126
구운두부샐러드	128
두부강정	130
춘권피김치치즈만두	132
잡채김말이튀김	134
꼬마새송이버섯구이	136
주키니호박샐러드	138
아보카도구이	140
바나나튀김	142

CHAPTER 4

시판제품류

소떡소떡	146
순대구이(feat. 양파된장마요)	148
김치칠리프라이즈	150
순살너깃유린기	152
돈가스샌드위치	154
치킨텐더토르티야랩	156
훈제오리구이(feat. 부추샐러드)	158
만두탕수	160
옥수수버터구이	162
콘치즈	164
떡국떡강정	166
라면땅	168
납작만두샐러드	170
오지치즈프라이즈	172
해시버거	174
베이컨떡꼬치	176

STEP 1 | # 계량법

이 책에서는 밥숟가락과 종이컵이 아닌 규격화된 계량스푼과 계량컵을 사용하여 재료 분량을 표기하였습니다.

1큰술 ≫ 15ml	**1/2큰술** ≫ 7.5ml
1작은술 ≫ 5ml	**1/2작은술** ≫ 0.25ml

숟가락 계량

1큰술　　　1작은술　　　1/2큰술　　　1/2작은술

컵 계량

1컵 = 200mL　　1/2컵 = 100mL

에어프라이어 사이즈 비교 (2.5L vs. 3.5L)

STEP 2

주변에서 에어프라이어 살 때 보면 가장 큰 고민이 어떤 사이즈를 고를까 하는 점이더라고요. 1.6L부터 최근엔 무려 13L짜리까지 아주 다양한 용량의 제품이 나오고 있죠.

이 책에 등장하는 요리는 모두 2.5L짜리 에어프라이어로 조리했어요. 아무래도 클수록 재료를 대량으로 조리할 수 있는 장점이 있지만 그만큼 가격도 비싸고 기계 부피도 커져서 보관이 번거롭기도 해요. 저희 집 같은 소가족은 물론 에어프라이어를 많이 구입한다는 싱글족 정도라면 2.5L면 충분하다는 생각이에요.

음식이 담기는 바스켓의 지름 차이가 좀 있답니다. 보통 크기 냉동 만두를 빼곡히 넣어봤을 때 3.5L짜리에는 18개, 2.5L짜리에는 14개가 들어갔어요. 이렇게 바닥 크기만 보면 큰 차이는 안 나는데 작은 통닭을 꽉 채워 넣으면 2.5L에는 2마리, 3.5L에는 3마리가 들어간다고 하니 부피 차이는 역시 꽤 나는 편이네요.

STEP 3   프라이팬 vs. 에어프라이어 조리 비교

❶ 프라이팬에서 식용유 두르고 구웠을 때

❷ 식용유로 오일 코팅 후 에어프라이어에서 구웠을 때

❸ 오일 코팅 없이 바로 에어프라이어에서 구웠을 때

많이 차이가 나 보이시나요? 프라이팬에 구운 만두는 표면에 기포가 생기면서 더 파삭한 식감이 생깁니다. 에어프라이어에 같이 구운 경우에도 표면에 식용유가 발라졌느냐 아니냐에 따라 약간의 차이가 있습니다. 바삭한 느낌은 비슷하지만 오일 코팅을 한 경우 기름이 주는 고소한 풍미가 약간 더 생겨요. 기름 없이 바로 구운 경우 아무래도 표면이 약간 건조한 느낌이 드는 것은 어쩔 수 없습니다. 끝부분은 살짝 나초 같은 식감이 나요. 하지만 나름의 바삭한 맛을 즐길 수 있습니다.

기름기가 들어가야 확실하게 고소한 맛은 나겠지만 조리 시 냄새나 기름 튐 염려가 거의 없다는 점, 칼로리 섭취가 줄어든다는 점을 고려하면 에어프라이어 조리도 꽤 매력적인 것 같아요.

에어프라이어 관리법
STEP 4

에어프라이어 바스켓 관리는 사실 별다른 방법이 필요하지 않습니다. 조리가 끝난 후 재빨리 설거지하는 것이 포인트! 온기가 남았을 때 바스켓의 음식물 찌꺼기나 기름기를 키친타월로 1차 닦아내고 바스켓째로 물에 담가 부드러운 수세미에 세제를 묻혀 씻은 다음 마른 행주로 물기를 닦아 보관합니다. (빈 바스켓을 에어프라이어에 넣고 잠깐 돌려 건조시키는 방법도 있지만 전 오히려 그게 더 번거롭더라고요.)

본체 윗면의 열선은 노출이 되어 있는 제품도 있고 망이 쳐져 있는 제품도 있어요. 노출되어 있는 제품이라면 열선을 닦아주는 것도 에어프라이어를 청결하게 사용할 수 있는 방법입니다. 조리 후 코드를 뽑고(사용 직후 너무 뜨거울 때 손대는 것은 화상 위험이 있으니 금지!) 약간 열기가 남아 있을 때 깨끗한 행주나 물티슈를 이용해 열선에 튄 기름이나 음식 찌꺼기를 닦아내 주세요.

생선이나 삼겹살 등 조리 후 에어프라이어 내부에 냄새가 배어 쉽게 사라지지 않을 때는 세척 후 귤이나 레몬 같은 과일 껍질을 넣고 5분 정도 돌려주면 냄새가 많이 줄어듭니다.

STEP 5

에어프라이어 사용 시 갖춰두면 좋은 도구

》》 종이 포일

삼겹살, 훈제오리 등 기름기가 많은 음식을 조리할 때 유용해요. 또 양념에 버무린 재료를 조리할 때에는 종이 포일을 깔아 내열 용기처럼 사용하면 편리합니다. 하지만 튀김 등 바삭함이 우선인 식품을 조리할 경우에는 바스켓에 음식을 그대로 담아 자체 기름이 아래로 빠져야지만 튀긴 듯한 바삭함을 느낄 수 있으므로 무조건적으로 종이 포일을 사용하는 것은 추천하지 않아요. 삼겹살이나 훈제오리 조리에 사용할 때에도 바스켓 안쪽이 아닌 기름받이 안쪽에 깔아야 재료의 기름기가 깔끔하게 빠집니다.

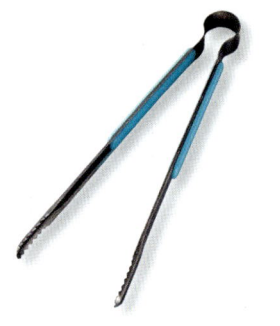

》》 집게

에어프라이어는 열선이 상단에만 있기 때문에 굽는 중간에 재료를 한 번 뒤집어줘야 하는 경우가 많아요. 바스켓의 내용물을 뒤집거나 밖으로 꺼집어낼 때 유용합니다. 이때 집게의 날카로운 끝이 바스켓에 닿으면 코팅이 벗겨질 수 있으니 주의하세요.

》》 꼬치

에어프라이어에 해 먹기 좋은 요리 중 하나인 꼬치구이를 할 때 유용한 재료입니다. 이때 열기에 쉽게 나무 꼬치가 탈 우려가 있으니 충분히 물에 담갔다가 사용하세요. 조리 후 나무 꼬치는 음식보다 더 뜨거우니 손으로 함부로 집지 말고 반드시 집게를 사용해 음식을 꺼내도록 합니다.

≫ 허브솔트

에어프라이어 요리 중에는 로스트치킨, 통삼겹살구이, 채소구이 등 별다른 양념 없이 재료 자체에 오일 코팅과 가벼운 간만 더하여 구워내면 되는 것들도 많아요. 허브솔트는 냄새 제거와 풍미를 위해 넣는 여러 가지 재료 없이 간단하게 좋은 맛을 낼 수 있는 편리한 재료입니다.

≫ 내열 용기

에어프라이어를 오븐처럼 사용할 때 특히 유용한 도구입니다. 프리타타나 감바스 등 수분이나 기름기를 그대로 담고 있어야 하는 요리를 할 때 내열 용기에 담아 그대로 바스켓에 넣고 에어프라이어를 작동시키면 됩니다. 조리 후 꺼낼 때는 반드시 집게나 오븐 장갑을 이용하세요.

≫ 일회용 포일 접시

내열 용기와 동일하게 수분이나 기름기 있는 요리를 할 때 사용할 수 있는 도구입니다. 따로 설거지할 필요도 없고, 무게가 가볍기 때문에 꺼낼 때도 좀 더 수월하다는 장점이 있어요. 하지만 가급적 일회용기는 사용하지 않는 게 좋다는 생각이라 자주 사용하지는 않습니다.

에어프라이어 조리 팁

≫ 종이 포일은 모서리를 잘라 사용하세요

둥근 모양의 원형 종이 포일 제품도 나오지만 가격이 비싸죠. 흔히 쓰는 롤로 된 종이 포일을 사각으로 자른 다음 네면의 모서리를 둥글게 잘라 사용하면 열선에 닿아 타는 것을 방지할 수 있습니다.
에어프라이어 바스켓 윗부분까지 종이 포일이 놓이면 작동 중에 열선이 있는 본체 윗면의 열풍으로 날리면서 열선에 닿아 탈 수가 있습니다. 반드시 안전하게 바스켓보다 낮게 종이 포일을 잘라 넣어 사용합니다.

≫ 칸막이를 사용하여 두 가지 재료를 한꺼번에 구울 수도 있어요

소량만 조리할 경우 재료의 조리 시간이 비슷하다면 두 종류를 같이 넣고 한꺼번에 구워낼 수도 있어요. 이때 중간 칸막이를 만들어 끼우면 재료 섞임 없이 편리하게 이용할 수 있습니다. 만드는 법은 간단해요. 과자 상자 종이를 바스켓 지름 폭으로 자른 다음 은박 포일로 감싸주면 끝!

≫ 바스켓 하단에 받침을 깔고 올려서 구워보세요

납작하게 깔리는 냉동 피자나 쿠키 등을 구워낼 때에는 바스켓 크기와 비슷한 내열 용기를 뒤집어 바스켓에 담고 그 위에 종이 포일을 깐 다음 재료를 얹어보세요. 열선과의 거리가 가까워져 열을 더 빨리 받게 되어 조리 시간도 줄어들고 더 노릇한 색감을 낼 수 있답니다.

》 빵가루는 식용유를 살짝 섞어 사용하세요

에어프라이어로 튀김 요리를 할 때에는 주로 밀가루, 달걀물, 빵가루 순서대로 튀김옷을 입혀서 굽게 되는데 이때 빵가루에 오일 코팅을 하면 기름에 튀긴 듯이 바삭한 식감을 낼 수 있습니다. 판매하는 오일 스프레이를 구입해 뿌려주는 방법도 있겠지만 이렇게 볼에 빵가루를 담고 식용유를 약간 뿌린 다음 손으로 비벼주면 더 골고루 기름 성분이 스며들어 좋답니다.

》 오일 코팅은 비닐봉지를 활용하세요

재료에 오일 코팅을 해서 구워낼 때 오일 스프레이를 뿌리거나 솔을 이용해 기름을 발라주는 방법도 있지만 일회용 비닐봉지에 재료와 식용유를 넣고 바람을 넣어 빵빵하게 만든 다음 잘 흔들어주면 금방 고르게 기름을 묻힐 수 있습니다.

》 흐트러지기 쉬운 음식은 종이 포일 위에 얹어 옮겨보세요

에어프라이어의 생김새 특성상 음식을 넣는 바스켓에 깊이가 좀 있기 때문에 옮겨 담을 때 신경이 쓰이는 경우가 있죠. 에그마요토스트처럼 바스켓에 담을 때 재료가 흔들려 모양이 망가질 우려가 있는 요리의 경우 밑에 종이 포일을 깔고 종이 모서리를 들어 그대로 바스켓에 넣으면 얌전히 옮겨 담을 수 있습니다.

STEP 7 에어프라이어와 찰떡궁합!
굽기만 해도 꿀맛인 재료 Best

NO.1

고구마

| 온도 | 200℃ | 시간 | 20분 (15분 》 뒤집어서 》 5분) |

군고구마를 먹기 위해 에어프라이어를 구입한다는 사람들이 있을 만큼 최애 필수 메뉴입니다. 고구마를 껍질째 물에 씻어 바스켓에 넣기만 하면 끝! 중간에 뒤집을 필요 없이 200℃에서 20분만 구워내면 건강 간식 완성입니다. 에어프라이어에 구우면 수분이 날아가서인지 군고구마처럼 약간 더 당도가 높아진 듯한 맛이 나요.

NO.2 어묵

 온도 180°C   시간 5~7분 (뒤집을 필요 없음)

기름에 튀겨져 나오는 어묵은 에어프라이어에 최적화된 식재료입니다. 구으면 풍선처럼 부풀어올라 깜짝 놀랄 수도 있는데 접시에 옮겨 담는 사이에 다시 가라앉는답니다. 이렇게 에어프라이어에 한 번 구워내면 식감도 훨씬 더 쫄깃해지고 마치 과자처럼 고소한 풍미도 더해져 간단한 간식거리나 술안주로 딱 좋아요. 넓직한 사각 어묵이 쫄깃함도 좋고 짧은 시간에 금방 구워져 추천입니다.

STEP 7

에어프라이어와 찰떡궁합!
굽기만 해도 꿀맛인 재료 Best

NO.3

가래떡

| 온도 | 180℃ | 시간 | 10분 (뒤집을 필요 없음) |

10분 정도만 돌리면 겉은 바삭하게 고소하고 속은 말랑거리는 가래떡을 즐길 수 있습니다. 기계에서 갓 나온 말랑한 상태가 아닌 딱딱한 상태의 가래떡이 에어프라이어에 굽기는 더 좋습니다. 말랑한 떡은 너무 퍼져버리더라고요.

NO.4 마른오징어 & 쥐포

 온도: 180℃   시간: 3~4분(뒤집을 필요 없음)

오징어와 쥐포의 두께에 따라 굽는 시간을 조절해야 한다는 점 기억해주세요. 바스켓에 넣기 전에 재료를 물에 살짝 한번 담궈 물기가 있는 상태에서 구우면 더 고르게 잘 구워집니다. 바스켓에 넣을 때는 재료끼리 서로 겹치지 않게 해야 노릇하게 잘 구워져요. 오징어는 굽기 전에 가위집을 내어주면 먹을 때 찢기가 수월합니다.

STEP 7 에어프라이어와 찰떡궁합!
굽기만 해도 꿀맛인 재료 Best

NO.5

밤

 온도 180℃   시간 10분 (뒤집을 필요 없음)

밤은 물에 30분 이상 충분히 담갔다가 에어프라이어 넣어주세요. 이때 밤에 칼집을 내지 않으면 바스켓 안에서 팍팍 터져서 위험할 수 있으니 겉껍질에 반드시 칼집을 내주세요. 칼집은 가로보다 세로로 내는 것이 더 수월합니다.

NO.6 고구마말랭이

 온도 100°C

 시간 1시간(30분 》 뒤집어서 》 30분)

말랭이를 만들려면 일단 고구마를 한번 삶아야 해요. 덜 삶았다 싶을 정도로 살캉하게 삶은 다음 스틱 모양으로 썰어 에어프라이어에 넣고 낮은 온도에서 1시간 정도 구워냅니다. 밤고구마보다는 호박고구마를 구웠을 때 더 쫀득거립니다.

STEP 7 | 에어프라이어와 찰떡궁합!
굽기만 해도 꿀맛인 재료 Best

NO.7

스팸

| 온도 | 180℃ | 시간 | 10분 (7분 » 뒤집어서 » 3분) |

밥반찬으로 언제나 환영받는 스팸! 프라이팬에 구워도 맛있지만 유난히 냄새와 연기가 나는 재료이기도 해요. 에어프라이어에 넣으면 그런 단점이 상당 부분 해소됩니다. 스팸을 도톰한 두께로 자른 다음 그대로 에어프라이어에 넣고 10분간 구워주세요.

NO.8 김

| 온도 | 180℃ | 시간 | 4분 이내 (김 종류에 따라 조절) |

에어프라이어로 김도 구울 수 있다는 것 아셨나요? 김을 6등분 혹은 8등분한 다음 바스켓에 세로로 가지런히 세워 넣어주세요. 에어프라이어가 작동하면서 공기가 순환할 때 김이 날려 열선에 닿아 불이 붙을 우려가 있으니 반드시 김이 바스켓 가득 차도록 넉넉한 양을 굽는 것이 필요합니다. 바스켓에 넣기 전 김을 포갠 다음 나무 꼬치를 끼워 김이 날리지 않도록 하는 것도 방법입니다. 너무 빼곡하게 넣어 아랫면이 구워지지 않았다면 뒤집어 30초 정도만 짧게 추가로 구워주세요. 결이 차분한 재래김보다는 곱창김 같은 돌김류가 더 잘 구워진다는 점도 참고하세요.

CHAPTER 1

고기·해물류

닭날개간장구이 | 대창통마늘구이 | 통삼겹살&감자구이 | 닭똥집구이 | 매콤돼갈비립 |
곱창채소볶음 | 대패삼겹살고추말이 | 로스트치킨 | 찹스테이크 | 벌집삼겹살구이 | 닭꼬치 |
닭봉매콤조림 | 달걀프리타타 | 스카치에그 | 감바스 | 새우버터구이 | 오징어링튀김 |
굴튀김 | 연어스테이크 | 갈치카레구이 | 쭌권피게살말이 | 고등어간장구이 |
오징어버터구이 | 총알오징어고추장구이 | 멸치마늘채볶음

―― RECIPE 1 ――

닭날개간장구이

| 온도 | 180℃ | 시간 | 15분 (10분 » 뒤집어서 » 5분) |

재료(2인분)
닭날개 15개

밑간
청주 1큰술
소금 조금
후춧가루 조금

간장소스
간장 1큰술
굴소스 1/2작은술
올리고당 1큰술
다진 마늘 1큰술
맛술 1큰술
후춧가루 조금

팁
- 다 구운 다음 뜨거울 때 꿀을 조금 바르면 허니간장소스 맛을 즐길 수 있습니다.
- 간장소스에 재울 때 비닐봉지에 넣어 공기를 빼고 꼭 묶어 30분 정도 두면 양념이 깊이 배어들어 더 맛있습니다.

만들기
1. 닭날개는 지방을 떼어내고 칼집을 낸 뒤 분량의 재료로 10분 정도 밑간을 한 다음 체에 받쳐 물기를 뺍니다.
2. 1의 닭날개에 분량의 재료로 만든 간장소스를 넣어 재어둡니다.
3. 에어프라이어에 넣어 180℃에서 10분 굽고 뒤집어 5분 더 구워냅니다.

세팅

--- RECIPE 2 ---

대창통마늘구이

 온도 **180℃**   시간 **15분(10분 » 뒤집어서 » 5분)**

재료(2인분)
대창 1팩(200g)
양파 1/4개
마늘 10알~15알

양념장
시판쌈장 1큰술
식초 1큰술
설탕 1작은술
간장 1작은술
다진 청양고추 1작은술

만들기

1. 대창과 양파는 한 입 크기로 잘라 준비합니다.
2. 바스켓에 **1**의 재료와 마늘을 넣고 180℃에서 10분 구워낸 다음 뒤적거려 5분 더 구워줍니다.
3. 분량의 재료로 양념장을 만들어 **2**의 구운 대창과 곁들여 냅니다.

팁

- 팩에 포장된 대창은 손질해 삶아놓은 상태입니다. 구운 다음 잘라도 되지만 한 입 크기로 잘라 구우면 더 빨리 구워집니다.
- 굽는 중간에 마늘, 양파를 넣으면 좀 더 아삭하게 즐길 수 있어요.

세팅

— RECIPE 3 —

통삼겹살&감자구이

 온도 180℃　 시간 35분 (25분 » 뒤집어서 » 10분)

재료(2인분)
통삼겹살 500g
알감자 4~5개
로즈메리 조금
식용유 조금
허브솔트 조금

만들기

1. 통삼겹살은 바스켓에 넣기 적당한 크기로 자르고 허브솔트를 골고루 뿌려줍니다.
2. 중간 크기의 감자도 오일 코팅을 한 뒤 허브솔트로 간 합니다.
3. 에어프라이어에 **1**과 **2**를 넣고 위에 로즈메리를 얹어 180℃에서 25분간 구운 뒤 뒤집어 10분 더 구워줍니다. 이때 고기의 익은 정도를 살피면서 시간을 조절합니다.

팁

• 시간이 많이 걸리는 통삼겹살구이나 로스트치킨을 할 때 익는 속도가 더딘 통감자를 넣어 함께 구워보세요. 굽는 시간이 비슷해 같이 맛있게 즐길 수 있답니다.
• 통삼겹살은 같은 중량이라도 두께에 따라 익는 속도가 다르니 꺼내기 전에 익은 정도를 체크해야 합니다.

세팅

RECIPE 4
닭똥집구이

온도	180℃	시간	15분 (10분 » 뒤집어서 » 5분)

재료(2인분)
닭똥집(근위) 300g
마늘 10알
채 썬 대파 1줌
식용유 1큰술
허브솔트 조금

파채 양념
고춧가루 1/2작은술
참기름 2작은술
소금 조금
깨소금 조금

만들기

1. 닭똥집은 깨끗이 씻어 물기를 완전히 뺀 뒤 한 입 크기로 자릅니다.
2. 1의 닭똥집에 오일 코팅을 한 뒤 허브솔트를 골고루 뿌려줍니다.
3. 바스켓에 2의 닭똥집을 넣은 뒤 에어프라이어에서 180℃로 10분간 굽다가 통마늘을 넣어 5분 더 구워냅니다.
4. 대파를 얇게 채 썰어 찬물에 헹군 뒤 물기를 완전히 뺀 뒤 분량의 재료로 만든 양념을 넣고 무친 다음 구운 닭똥집에 파채를 곁들여 냅니다.

세팅

―― RECIPE 5 ――

매콤등갈비립

 온도 180℃   시간 10분 (5분 » 뒤집어서 » 5분)

재료(2인분)
등갈비 500g

등갈비 삶는 물
물 3컵
대파잎 조금
편생강 조금
통후추 10알

갈비 양념
돈가스소스 3큰술
토마토케첩 2큰술
올리고당 1큰술
고추장 1큰술
간장 1작은술
다진 마늘 1작은술
후춧가루 조금

만들기

1 등갈비는 물에 10여 분 담가 핏물을 가볍게 빼고 등갈비가 잠길 정도의 물과 향신채소(대파잎, 편생강, 통후추)를 넣어 20여 분 동안 푹 삶아 익힙니다.

2 삶은 등갈비의 물기를 빼둡니다. 분량의 재료로 갈비 양념을 만든 다음 갈비에 넣고 1시간 이상 재워둡니다. (미리 양념에 재워두면 간이 배어 훨씬 맛있습니다.)

3 **2**의 재료를 에어프라이어에 넣고 180℃에서 5분간 굽고 뒤집어 5분 더 구워 완성합니다.

팁
• 생등갈비를 바로 사용하지 않고 먼저 한 번 삶아서 쓰면 에어프라이어에서 굽는 시간도 단축되고 훨씬 부드러운 식감을 즐길 수 있습니다. 양념만 노릇하게 구워지면 바로 먹을 수 있어요.
• 양념을 많이 바른 재료는 바스켓에 종이 포일을 깔고 구우면 청소하기가 훨씬 쉬워요.

세팅

———— RECIPE 6 ————

곱창채소볶음

| 온도 | 180℃ | 시간 | 15분 (10분 » 뒤집어서 » 5분) |

재료(2인분)
곱창 200g
마늘 3~4알
양배추 1/6통
양파 1/2개
깻잎 5장
식용유 조금
참기름 조금
통깨 조금

양념
간장 2큰술
맛술 2큰술
다진 마늘 1큰술
고춧가루 1/2큰술
고추장 1큰술
설탕 1작은술
후춧가루 조금

만들기
1. 한번 삶아 포장해서 판매하는 곱창은 한 입 크기로 썬 다음 에어프라이어에 넣고 180℃에서 10분간 굽다가 편으로 썬 마늘을 넣고 섞은 뒤 5분 더 구워줍니다.
2. 양배추, 양파, 깻잎은 한 입 크기로 썰고, 분량의 재료를 섞어 양념을 만들어둡니다.
3. 팬에 기름을 두르고 양배추, 양파를 넣어 볶다가 **1**의 구운 곱창을 넣고 가볍게 섞은 뒤 깻잎과 양념, 참기름, 통깨를 넣고 뒤적여 마무리합니다.

팁
- 깻잎은 다른 채소와 달리 처음부터 넣으면 금방 숨이 죽으니 마지막에 넣어주세요.
- 편으로 썬 마늘을 처음부터 넣으면 탈 수 있으니 중간에 곱창을 뒤집을 때 넣는 것이 좋아요.

세팅

―― RECIPE 7 ――

대패삼겹살고추말이

| 온도 | 180℃ | 시간 | 10분 (5분 » 뒤집어서 » 5분) |

재료(2인분)
대패삼겹살 200g
풋고추 5~6개
밀가루 조금
허브솔트 조금

소스
간장 1큰술
설탕 1/2큰술
맛술 1큰술
후춧가루 조금

만들기
1 대패삼겹살은 허브솔트로 밑간합니다.
2 풋고추에 밀가루를 솔솔 뿌려둡니다. 분량의 재료로 소스를 만들어 솔로 1의 대패삼겹살에 가볍게 발라줍니다.
3 2의 고추를 대패삼겹살로 돌돌 만 다음 에어프라이어에 넣고 180℃에서 5분 굽고 데리야키소스를 한 번 더 발라 뒤집어서 5분 더 구워줍니다.

팁
- 허브솔트가 없다면 소금, 후춧가루로 밑간해도 괜찮습니다.
- 풋고추에 밀가루를 묻혀두면 고기가 미끄러지지 않고 더 잘 말립니다.
- 고기가 두꺼우면 익히는 시간을 조금 더 늘려주세요.

세팅

─── RECIPE 8 ───

로스트치킨

온도	180℃	시간	35분 (20분 » 뒤집어서 » 15분)

재료(2인분)
영계 1마리
로즈메리 조금
식용유 조금
허브솔트 조금

만들기

1. 생닭의 지방을 가로로 잘라내고 배를 가른 뒤 안쪽도 깨끗이 씻은 다음 물기를 닦아 준비합니다.
2. 1의 닭을 비닐봉지에 넣은 다음 식용유를 바르고 허브솔트를 뿌려 봉지 채로 문질러 밑간한 뒤 배쪽이 위로 오게끔 바스켓에 넣고 로즈메리를 올려 180℃에서 20분간 굽습니다.
3. 뒤집어 15분 동안 더 익혀 완성합니다.

팁

- 바스켓에 넣을 때 닭의 배를 갈라 펼치듯 세팅해야 고루 익어요.
- 처음부터 높은 온도에서 굽기 시작하면 겉만 먼저 타버립니다. 너무 센 온도에서 굽지 말고 최고 온도보다 조금 낮게 설정해서 속까지 고루 익히세요.

세팅

---- RECIPE 9 ----

촙스테이크

| 온도 | 200℃ | 시간 | 채소 5분, 스테이크 6분
용기에 담아 » 5분(180℃로 낮춰서) |

재료(2인분)
소고기 등심 200g
모차렐라치즈 조금
식용유 조금
허브솔트 조금

소스
스파게티소스 4큰술
돈가스소스 1큰술
토마토케첩 1큰술

모둠 채소
양송이 3개
양파 1/4개
파프리카 1/2개
데친 브로콜리 조금

만들기

1. 모둠 채소는 한 입 크기로 썰어 오일 코팅을 한 뒤 에어프라이어에 넣어 200℃에서 5분간 살짝 구워냅니다.
2. 등심은 한 입 크기로 잘라 식용유에 한 번 버무리고 허브솔트로 살짝 밑간한 뒤 200℃에서 6분 정도 구워냅니다.
3. 내열 용기에 1의 채소와 2의 고기를 넣어 분량의 소스 재료에 버무리고 토핑용 모차렐라치즈를 뿌린 뒤 180℃에서 치즈가 녹을 정도로만 구워냅니다.

팁
- 고기에 오일 코팅을 하면 그냥 굽는 것보다 고기가 더 부드럽습니다.
- 고기가 많지 않을 때는 뒤집지 않아도 됩니다.

세팅

RECIPE 10
벌집삼겹살구이

 온도 180℃   시간 18분 (10분 » 뒤집어서 » 8분)

재료(2인분)
벌집삼겹살 400g
양파 1/2개
마늘 10알
허브솔트 조금

만들기
1 삼겹살은 허브솔트를 고루 뿌려두고 양파는 큼직하게 링 모양으로 썰어 준비합니다.
2 에어프라이어에 **1**의 삼겹살을 말듯이 세워 넣은 뒤 사이에 통마늘을 넣고 180℃에서 10분간 구워줍니다.
3 **2**의 삼겹살이 2/3가량 익으면 가위를 이용해 한 입 크기로 잘라 뒤섞은 다음 180℃에서 8분 정도 더 구워냅니다. 이때 양파를 함께 넣고 익혀주세요.

팁
• 마늘은 삼겹살 안쪽에 넣으면 금방 타지 않고 마늘 향도 고기에 더 잘 배어듭니다.
• 고기를 중간에 한 번 잘라주면 전체적으로 고르게 익습니다.
• 삼겹살처럼 기름이 많은 재료를 구울 때에는 기름기가 충분히 빠져나갈 수 있도록 바스켓에 종이 포일을 깔지 않는 게 좋습니다. 청소가 걱정이라면 기름받이 안쪽에 종이 포일을 깔아주세요.

세팅

RECIPE 11

닭꼬치

온도	180℃	시간	15분 (10분 » 뒤집어서 » 5분)

재료(2인분)
닭 정육 300g

밑간
청주 1큰술
소금 조금
후춧가루 조금

양념
굴소스 1/2큰술
간장 1/2큰술
올리고당 1큰술
다진 마늘 1큰술
맛술 1큰술
후춧가루 조금

팁

• 종이 포일을 깔고 양념육을 올리면 종이 포일이 내용물을 가려 가장자리 부분에 열이 덜 가는 경우가 있어요. 뒤집을 때 닭꼬치를 종이 포일 위쪽에 살포시 얹어 구우면 골고루 익힐 수 있습니다.

만들기

1 닭 정육은 지방을 제거하고 한 입 크기로 자른 뒤 분량의 재료로 밑간을 10분 정도 한 뒤 체에 밭쳐 물기를 뺍니다. 분량의 재료로 양념도 미리 만들어둡니다.

2 1의 닭 정육을 나무 꼬치에 꽂고 1의 양념을 바른 다음 에어프라이어에 넣고 180℃에서 10분간 구워줍니다.

3 2의 닭꼬치를 뒤집어 양념을 충분히 덧바르고 5분 더 구워냅니다.

세팅

— RECIPE 12 —

닭봉매콤조림

| 온도 | 180℃ | 시간 | 20분 (10분 » 뒤집어서 » 10분) |

재료(2인분)
닭봉 10개
청양고추 조금
홍고추 조금

밑간
녹말가루 2큰술
식용유 1큰술
허브솔트 조금

간장 양념
간장 2큰술
물 1큰술
맛술 1큰술
올리고당 1큰술
굴소스 1작은술
후춧가루 조금

만들기

1. 비닐봉지에 닭봉과 분량의 밑간 재료를 넣고 30분 정도 밑간한 뒤 에어프라이어에 넣고 180℃에서 10분, 뒤집어 10분 동안 구워냅니다.
2. 청양고추, 홍고추는 동그란 모양을 살려 썰고 분량의 재료를 섞어 간장 양념을 준비합니다.
3. 간장 양념과 **2**의 고추를 팬에 넣고 잠시 끓인 다음 **1**의 닭봉을 넣고 버무려 완성합니다.

팁

뒤집을 때 살이 두꺼운 부분에 가위로 칼집을 넣어주면 속까지 확실하게 익힐 수 있습니다.

세팅

―――――― RECIPE 13 ――――――

달걀프리타타

 온도 160℃   시간 20분(15분 » 140℃로 낮춰서 » 5분)

재료(2인분)
달걀 2개
칵테일새우 2마리
슬라이스 체더치즈 1장
다진 자투리 채소(파프리카,
양송이버섯, 호박 등) 2/3컵
우유 1/2컵
파르메산치즈가루 1큰술

만들기
1 칵테일새우, 체더치즈, 자투리 채소는 잘게 다져 준비합니다.
2 달걀에 우유를 넣어 섞은 다음 **1**의 재료를 넣어 섞어줍니다.
3 오븐용 내열 용기에 **2**의 재료를 담고 파르메산치즈가루를 뿌린 뒤 에어프라이어에 넣어 160℃에서 15분, 140℃로 낮춰 5분 동안 구워냅니다.

 팁
온도를 낮추는 시점에 프리타타 중간에 열십자 모양으로 칼집을 살짝 내어주면 안쪽까지 고루 익힐 수 있습니다.

세팅

― RECIPE 14 ―

스카치에그

| 온도 | 180℃ | 시간 | 15분 (8분 » 뒤집어서 » 7분) |

재료(2인분)
다진 돼지고기 50g
다진 소고기 50g
삶은 달걀 2개
식용유 조금

양념
간장 1작은술
소금 조금
다진 양파 1큰술
빵가루 1큰술
다진 마늘 1작은술
맛술 1작은술
참기름 1작은술
후춧가루 조금

만들기

1 돼지고기와 소고기에 분량의 양념 재료를 모두 넣고 끈기가 생기도록 치댑니다.
2 1의 양념한 고기로 삶은 달걀을 감싸줍니다.
3 겉면에 식용유를 바르고 바스켓에 담은 뒤 180℃에서 8분, 뒤집어 7분 동안 구워 완성합니다.

팁

• 고기는 익으면서 수축하므로 조금 도톰하게 달걀을 감싸야 벌어지지 않습니다.
• 고기로 달걀을 감쌀 때 손바닥에 식용유를 발라주면 손에 고기가 잘 붙지 않고 자연스럽게 오일 코팅도 되어 좋답니다.

세팅

RECIPE 15

감바스

 온도 200°C   시간 12분 (10분 » 섞어서 » 2분)

재료(2인분)
생칵테일새우 15~20마리
마늘 5알
청양고추 1개
홍고추 1개
올리브유 1/2컵
소금 조금
후춧가루 조금

만들기
1 마늘은 편으로 썰고 고추는 동그란 모양을 살려 썰어 둡니다.
2 일회용 은박 용기에 칵테일새우와 1의 마늘과 고추를 넣고 재료가 자작하게 잠길 정도로 올리브유를 부어 살짝 섞은 다음 소금, 후춧가루를 뿌려줍니다.
3 에어프라이어에 은박지째로 넣고 200°C에서 10분간 구운 다음 뒤섞어 아래쪽의 새우를 위쪽으로 올린 뒤 2분 동안 더 익힙니다.

 팁
꼬리 부분이 붙어 있는 생칵테일새우를 사용하면 모양이 더 예뻐요.

세팅

── RECIPE 16 ──

새우버터구이

 온도 180℃ 시간 15분 (10분 » 뒤집어서 » 5분)

재료(2인분)
생새우 20마리
버터 25g
소금 1/2작은술

만들기
1 새우는 씻어 체에 받쳐 물기를 빼둡니다.
2 바스켓에 종이 포일을 깔고 1의 새우를 넣은 뒤 소금을 뿌리고 얇게 썬 버터를 올려줍니다.
3 에어프라이어에 넣고 180℃에서 10분간 구운 뒤 아래쪽 새우와 위쪽 새우의 자리를 바꿔 5분 더 구워줍니다.

팁
• 굵은소금을 아래에 깔고 굽는 것보다 새우 위에 뿌리고 버터를 올려주면 새우에 간이 고르게 뱁니다.
• 가염버터를 사용할 때는 소금 양을 줄여주세요.

세팅

---- RECIPE 17 ----

오징어링튀김

| 온도 | 180℃ | 시간 | 10분(7분 » 뒤집어서 » 3분) |

재료(2인분)

생오징어 1마리
밀가루 2큰술
달걀 1개
빵가루 1/2컵
소금 조금

만들기

1. 오징어는 내장을 빼서 손질하고 링 모양으로 자른 다음 물기를 닦아 준비합니다.
2. 비닐봉지에 밀가루와 1의 오징어를 넣고 흔들어 밀가루를 입히고 달걀물, 빵가루를 순서대로 입힙니다.
3. 에어프라이어에 튀김옷을 입힌 오징어를 넣고 180℃에서 7분간 구운 다음 뒤집어 3분간 더 구워줍니다.

팁

- 링 모양의 오징어튀김은 듬성듬성 올려지기 때문에 에어프라이어의 뜨거운 열기가 아랫면까지 고루 닿아서 바스켓에 너무 빽빽하게 담지만 않으면 뒤집지 않아도 잘 익어요.
- 빵가루에 식용유를 약간 넣고 비벼서 사용하면 더 고소한 튀김을 만들 수 있어요.

세팅

RECIPE 18

굴튀김

 온도 180°C   시간 10분 (7분 » 뒤집어서 » 3분)

재료(2인분)
생굴 150g
밀가루 1큰술
달걀 1개
빵가루 1/2컵

만들기

1 생굴은 소금물에 흔들어 씻은 뒤 뜨거운 물에 가볍게 데쳐냅니다.

2 1의 굴에 밀가루, 달걀물, 빵가루 순으로 입혀줍니다.

3 에어프라이어에 넣고 180°C에서 7분, 뒤집어서 3분 더 구워줍니다.

팁

• 생굴에 튀김옷을 입히는 것보다 뜨거운 물에 살짝 데쳐 튀김옷을 입히면 흐물거리지 않고 모양이 예쁘게 잡힙니다.

• 빵가루를 입히기 전 식용유를 약간 넣고 손으로 비벼 오일 코팅을 해서 사용하면 기름에 튀긴 듯한 식감을 즐길 수 있습니다.

세팅

RECIPE 19
연어스테이크

 온도 200°C

 시간 13분 (10분 » 뒤집어서 » 3분)

재료(2인분)
연어 1토막 (약 200g)

밑간
올리브유 2큰술
레몬 2조각
로즈메리 조금
소금 조금
후춧가루 조금

타르타르소스
마요네즈 2큰술
레몬즙 1/2큰술
다진 양파 1큰술
다진 피클 1큰술
후춧가루 조금

만들기

1 연어에 분량의 밑간 재료를 넣고 10분 정도 재워둡니다.

2 바스켓에 종이 포일을 깔고 1의 연어를 올린 뒤 에어프라이어에 넣고 200°C에서 10분간 구운 다음 뒤집어서 3분간 더 구워냅니다.

3 분량의 재료로 타르타르소스를 만들어 2의 연어에 곁들여 냅니다.

 팁
연어의 두께에 따라 굽는 시간을 조절해야 합니다.

세팅

RECIPE 20
갈치카레구이

 온도 180℃   시간 15분 (10분 » 뒤집어서 » 5분)

재료(2인분)
갈치 2토막
밀가루 1큰술
카레가루 2작은술
식용유 조금
소금 조금

만들기
1. 갈치는 비늘을 긁어내고 지느러미를 잘라낸 뒤 적당히 칼집을 내고 소금을 조금 뿌린 다음 식용유를 발라줍니다.
2. 밀가루와 카레가루를 섞어 1의 갈치에 흩뿌려줍니다. (1의 과정에서 오일 코팅을 해서 가루류에 흡수되었기 때문에 구울 때 따로 식용유를 뿌리지 않아도 됩니다.)
3. 에어프라이어에 넣어 180℃에서 10분간 구운 뒤 뒤집어 5분간 더 노릇하게 구워냅니다.

 팁
갈치에 식용유를 바를 때는 일회용 비닐장갑을 끼고 식용유를 조금 따른 다음 갈치에 비비듯 문지르면 편합니다.

세팅

RECIPE 21
춘권피게살말이

 온도 180℃   시간 6분(뒤집을 필요 없음)

재료(2인분)
춘권피 8장
게맛살 2줄
스트링치즈 2개
식용유 조금

만들기
1. 게맛살과 스트링치즈는 길게 찢어 준비합니다.
2. 춘권피를 펼치고 1의 재료를 가지런히 올려 돌돌 만 다음 겉면에 오일 코팅을 합니다.
3. 에어프라이어에 넣고 180℃에서 6분간 구워 완성합니다.

팁
- 스트링치즈 대신 피자 토핑용 모차렐라치즈를 사용해도 좋아요.
- 춘권피를 삼각형 모양으로 반으로 잘라 짧게 말면 원형인 바스켓 끝까지 다 활용해서 담을 수 있어요.

세팅

---- RECIPE 22 ----

고등어간장구이

| 온도 | 180℃ | 시간 | 17분 (10분 » 뒤집어서 » 7분) |

재료(2인분)
자반고등어 1/2마리

양념장
간장 2작은술
국간장 1작은술
맛술 1큰술
다진 마늘 1작은술
청양고추 조금
홍고추 조금
참기름 1큰술

만들기

1 자반고등어는 물에 담가 염분을 적당히 뺀 다음 물기를 닦아내고 칼집을 내어둡니다.
2 에어프라이어에 등껍질 부분이 위로 향하게 넣고 180℃에서 10분, 뒤집어 7분 동안 구워냅니다.
3 분량의 재료를 섞어 양념장을 만들어 **2**의 자반고등어에 곁들여 냅니다.

팁

• 자반고등어는 염도가 있어 구웠을 때 생물 고등어보다 살이 덜 부서집니다. 요즘은 자반고등어도 대부분 저염이라 많이 짜지 않아요.

세팅

RECIPE 23

오징어버터구이

온도	180℃	시간	10분 (7분 » 뒤집어서 » 3분)

재료(2인분)
생오징어 1마리
녹인 버터 1~2큰술
소금 조금
파슬리가루 조금

만들기
1. 오징어는 배를 가르고 내장을 빼서 손질한 뒤 양쪽에 칼집을 내어줍니다.
2. 1의 오징어에 실온에서 녹인 버터를 골고루 바르고 소금을 조금 뿌려줍니다.
3. 바스켓에 넣어 180℃에서 7분, 뒤집어 3분 동안 구워냅니다.

팁
- 오징어에 칼집을 내서 구우면 찢어 먹기가 쉽습니다.
- 종이 포일에 올리지 말고 바스켓에 그냥 올려 구워주세요. 구워지는 동안 수분이 빠져야 노릇하게 구워집니다.
- 굽는 시간은 오징어의 크기, 두께에 따라 조절하세요.

세팅

― RECIPE 24 ―

총알오징어고추장구이

온도	180℃	시간	10분 (7분 » 뒤집어서 » 3분)

재료(2인분)
총알오징어 10마리

양념
고추장 1큰술
간장 1작은술
올리고당 1큰술
맛술 1작은술
참기름 1작은술

만들기

1 총알오징어는 흐르는 물에 씻어 물기를 빼고 양념장은 미리 만들어둡니다.

2 바스켓에 종이 포일을 깔고 **1**의 총알오징어를 올려 준비한 양념을 절반 정도만 가볍게 바른 다음, 에어프라이어에 넣고 180℃에서 7분 정도 구워냅니다.

3 **2**의 총알오징어가 구워지면 한 번 뒤쉬은 다음 나머지 양념을 덧발라 3분간 더 구워냅니다.

 팁

오징어는 익으면서 수분이 생깁니다. 수분이 아래로 빠지게끔 종이 포일 가운데 구멍을 몇 개 내면 양념을 발랐을 때 겉돌지 않습니다.

세팅

RECIPE 25

멸치마늘채볶음

| 온도 | 180℃ | 시간 | 5분 (3분 » 뒤집어서 » 2분) |

재료(2인분)
멸치 2/3컵
마늘 5알
식용유 조금

양념
올리고당 1큰술
참기름 조금
통깨 조금

만들기

1 멸치는 부스러기를 털어내고 마늘은 가늘게 채썬 뒤 식용유를 섞어 가볍게 오일 코팅을 합니다.
2 1의 재료를 에어프라이어에 넣어 180℃에서 3분간 굽다가 뒤섞어서 2분간 더 구워냅니다.
3 2의 재료를 볼에 담고 올리고당과 참기름, 통깨를 넣어 재빨리 섞어줍니다.

팁

• 많이 만들어서 보관하고 먹기보다는 한 끼 분량만큼 조금씩 만들어야 맛있게 즐길 수 있습니다.
• 멸치의 염분과 올리고당이 섞여 따로 간장을 넣지 않아도 간이 맞습니다.

세팅

CHAPTER 2

몬테크리스토 | 식빵핫도그 | 에그마요토스트 | 식빵추로스 |
못난이식빵 | 멘보샤 | 포켓피자 | 에그마요베이컨롤 | 바게트마늘빵 |
고구마식빵피자 | 달걀빵 | 하이토스트

RECIPE 1
몬테크리스토

 온도 **180°C**   시간 **10분 (7분 » 뒤집어서 » 3분)**

재료(2인분)
식빵 2장
슬라이스 햄 1장
슬라이스 치즈 1장
딸기잼 1큰술
달걀 1개
우유 1큰술
빵가루 1/2컵

만들기
1. 식빵 한 면에 딸기잼을 얇게 펴 바르고 슬라이스 햄과 치즈를 올린 다음 나머지 식빵 한 장으로 덮어줍니다.
2. 식빵 가장자리를 잘라내고 달걀물과 빵가루를 식빵 표면에 골고루 입혀줍니다.
3. 바스켓에 넣어 180°C에서 7분, 뒤집어 3분 동안 구워냅니다.

** 팁**

빵가루에 식용유를 조금 넣어 손으로 비벼서 기름 코팅을 해서 사용하거나, 빵가루를 묻힌 다음 오일 스프레이로 식용유를 뿌리면 더 바삭하고 색감 곱게 구워집니다.

세팅

―――――――― RECIPE 2 ――――――――

식빵핫도그

온도	180℃	시간	8분 (5분 » 뒤집어서 » 3분)

재료(2인분)
식빵 2장
슬라이스 체더치즈 2장
프랑크소시지 2개
달걀 1개
빵가루 1/2컵
토마토케첩 조금
머스터드소스 조금

만들기

1 식빵의 갈색 테두리를 자르고 밀대로 밀어 납작하게 만든 다음 치즈와 살짝 데친 소시지를 올려 말아줍니다.

2 달걀을 풀어 달걀물을 만들고 1의 식빵에 달걀물, 빵가루 순서로 고루 묻혀줍니다.

3 바스켓에 넣어 180℃에서 5분간 구운 뒤 뒤집어 3분간 더 구운 다음 케첩과 머스터드소스를 뿌려 완성합니다.

팁

• 식빵 안의 치즈가 녹을 정도로만 익힐 거라 프랑크소시지는 끓는 물에 먼저 데쳐 사용하는 게 좋아요.
• 빵가루가 없을 때는 잘라낸 식빵 테두리를 푸드 프로세서에 갈아서 사용해도 좋습니다.

세팅

RECIPE 3

에그마요토스트

 온도 180℃   시간 8~10분(뒤집을 필요 없음)

재료(1인분)
식빵 1장
달걀 1개
마요네즈 2큰술
설탕 조금
소금 조금

만들기

1. 식빵 윗면에 마요네즈를 얇게 펴 바르고 설탕을 솔솔 뿌립니다.
2. 식빵 테두리 쪽에 마요네즈를 짜서 벽을 만들고 가운데에 달걀을 깨트러 넣어줍니다.
3. 달걀 위에 소금을 조금 뿌리고 180℃에서 8~10분 구워냅니다.

세팅

팁

- 달걀물이 흘러내리지 않을 정도의 높이로 마요네즈 테두리를 만들어줘야 해요.
- 바스켓에 얌전히 옮겨 담으려면 종이 포일을 식빵 밑에 깐 뒤 포일째 들고 옮겨보세요.

--- RECIPE 4 ---

식빵추로스

온도	180℃	시간	7분 (5분 » 뒤집어서 » 2분)

재료(2인분)
식빵 2장
녹인 버터 2큰술
설탕 1큰술
계핏가루 1작은술

만들기

1. 식빵은 길게 4~5등분한 다음 녹인 버터를 골고루 발라 줍니다.
2. 바스켓에 넣어 180℃에서 5분, 뒤집어 2분 동안 구워줍니다.
3. 비닐봉지에 설탕과 계핏가루를 넣어 골고루 섞은 뒤 **2**의 구운 식빵을 넣고 흔들어 완성합니다.

 팁

촉촉한 식빵보다 수분이 좀 마른 식빵으로 만들어야 구워냈을 때 바삭한 식감이 더 좋답니다.

세팅

RECIPE 5
못난이식빵

 온도 170℃   시간 10분 (뒤집을 필요 없음)

재료(2인분)
식빵 2장
달걀 1개
다진 호두 조금
크랜베리 조금
녹인 버터 1큰술
연유 1큰술
소금 조금
슈거파우더 조금

만들기
1. 식빵은 사방 1cm로 깍둑썰기 하고 버터는 중탕으로 녹여서 준비합니다.
2. 달걀물에 버터, 연유, 소금을 넣어 섞은 다음 호두와 크랜베리, 1의 깍둑썰기 한 식빵을 넣고 가볍게 버무립니다.
3. 2의 식빵을 한 입 크기로 둥글게 뭉쳐줍니다.
4. 에어프라이어에 넣고 170℃에서 10분간 구워낸 뒤 슈거파우더를 솔솔 뿌려 완성합니다.

 팁
식빵의 하얀 부분만을 사용하는 샌드위치를 만들 때 잘라낸 테두리를 처리하기에 유용한 요리입니다.

세팅

RECIPE 6
멘보샤

 온도 180°C 시간 8분(6분 » 뒤집어서 » 2분)

재료(2인분)
식빵 4장
새우살 100g
녹말가루 2작은술
다진 양파 1큰술
마요네즈 1/2큰술
식용유 조금
소금 조금
후춧가루 조금

만들기
1. 식빵은 갈색 테두리를 잘라내고 사등분합니다.
2. 새우살을 다진 다음 녹말가루, 다진 양파, 마요네즈, 소금, 후춧가루를 넣고 끈기가 생기도록 치댑니다.
3. 식빵에 **2**의 새우살을 올리고 윗면도 식빵으로 덮어줍니다.
4. 식빵 양면에 기름 솔로 식용유를 바른 다음 에어프라이어에 넣고 180°C에서 6분, 뒤집어 2분 동안 구워냅니다.

팁
- 새우살을 다지면 자체적으로 끈기가 생겨 달걀흰자를 넣지 않아도 접착력이 있습니다.
- 멘보샤는 식빵에 기름을 조금 넉넉히 묻히고 구워야 기름에 튀긴 듯 고운 색감이 납니다. 다른 에어프라이어 요리보나 기름을 넉넉히 사용하는 것을 추천합니다.

세팅

―― RECIPE 7 ――

포켓피자

 온도 200℃   시간 9분(5분 » 180℃로 낮춰서 » 2분 » 뒤집어서 » 2분)

재료(2인분)
모둠 채소(호박, 양파, 가지, 새송이버섯) 적당량
베이컨 2줄
스파게티소스 3큰술
모차렐라치즈 1/2컵
식용유 조금
소금 조금
후춧가루 조금

난 반죽
난 믹스 1컵
드라이이스트 2g
물 4큰술

만들기
1. 난 믹스에 드라이이스트와 미지근한 물 4큰술을 넣고 3~5분 치댄 뒤 비닐을 덮어 실온에서 30분 정도 발효시킵니다.
2. 모둠 채소와 베이컨을 한 입 크기로 썰어 팬에 소량의 식용유를 두르고 소금과 후춧가루를 넣고 볶다가 살짝 숨이 죽으면 스파게티소스를 넣고 수분이 거의 없어질 때까지 볶은 뒤 한김 식혀줍니다.
3. 밀대를 이용해 발효시킨 1의 반죽을 타원형으로 길쭉하게 모양을 잡은 뒤 2의 볶은 채소와 모차렐라치즈를 올리고 반죽과 반죽이 맞닿게 꼬집어 감싼 다음 반죽 표면에 칼집을 넣고 에어프라이어에 담아 200℃에서 5분, 180℃로 온도를 낮추어 2분, 뒤집어 2분 구워 완성합니다.

 팁

난 믹스 반죽할 때 실내 공기가 차갑다면 미지근한 물로 반죽을 해보세요. 발효가 더 잘 됩니다.

세팅

―――― RECIPE 8 ――――

에그마요베이컨롤

 온도 180℃   시간 7분 (4분 » 뒤집어서 » 3분)

재료(2인분)
식빵 2장
베이컨 2줄
삶은 달걀 1개
마요네즈 2작은술
소금 조금
후춧가루 조금

만들기
1. 삶은 달걀을 으깬 다음 마요네즈와 소금, 후춧가루를 뿌려 잘 섞어 준비합니다.
2. 테두리를 자른 식빵을 밀대로 밀고 1의 재료를 올려 돌돌 만 뒤 베이컨으로 말듯이 감쌉니다.
3. 에어프라이어에 넣어 180℃에서 4분 정도 구운 다음 뒤집어 3분 더 구워냅니다.

 팁
바스켓에 담을 때 말린 베이컨 끝부분이 아래로 가게 놓으면 눌러지는 무게 때문에 베이컨이 쉽게 풀어지지 않습니다.

___ RECIPE 9 ___

바게트마늘빵

 온도 150℃   시간 7분(뒤집을 필요 없음)

재료(2인분)
슬라이스 바게트 6조각
녹인 버터 2큰술
다진 마늘 1큰술
설탕 1작은술
파슬리가루 조금
소금 조금

만들기

1 실온에서 부드럽게 녹인 버터에 다진 마늘, 설탕과 소금 1꼬집을 넣어 섞어줍니다.
2 바게트 윗면에 1의 재료를 고르게 펴 바르고 파슬리가루를 뿌려줍니다.
3 에어프라이어에 넣어 150℃에서 7분간 구워냅니다.

팁

- 가염버터일 경우 ①의 과정에서 소금은 생략합니다.
- 마늘빵은 낮은 온도에서 은근히 굽는 것이 좋습니다. 높은 온도에서 구우면 쉽게 타서 마늘빵 고유의 풍미를 느낄 수가 없어요.

세팅

RECIPE 10

고구마식빵피자

온도	180°C	시간	5~7분 (뒤집을 필요 없음)

재료(1인분)
식빵 1장
삶은 고구마 1개
비엔나소시지 1개
자투리 채소(양송이버섯, 파프리카, 데친 브로콜리 등) 적당량
피자소스 2큰술
모차렐라치즈 1/3컵

만들기

1 삶은 고구마는 으깨고 비엔나소시지와 자투리 채소는 한 입 크기로 썰어줍니다.

2 식빵에 피자소스를 바르고 1의 으깬 고구마와 채소를 올리고 모차렐라치즈를 올립니다.

3 에어프라이어에 넣고 180°C에서 5~7분 정도 치즈가 녹을 정도로 구워냅니다.

 팁

모차렐라치즈가 녹을 정도로만 구워주기 때문에 브로콜리는 생것이 아닌 데쳐낸 것을 사용합니다.

세팅

RECIPE 11
달걀빵

 온도 180℃   시간 10분 (뒤집을 필요 없음)

재료(3개 분량)
핫케이크 믹스 1/2컵
달걀 4개
우유 2큰술
슬라이스 체더치즈 1장
파슬리가루 조금
식용유 조금
소금 조금

만들기

1. 분량의 핫케이크 믹스에 달걀 1개, 우유 1큰술, 소금 1꼬집을 넣고 반죽을 합니다.
2. 종이컵 3개의 안쪽에 식용유로 오일 코팅을 합니다. 각 컵에 **1**의 반죽을 1/3씩 붓고 달걀 1개씩을 깨트려 넣은 다음 소금 1꼬집, 다진 슬라이스 체더치즈, 파슬리가루를 뿌려줍니다.
3. 180℃에서 10분 동안 익혀 완성합니다.

팁
- 에어프라이어 열풍으로 달걀물이 넘칠 수 있으니 종이컵보다 1cm 정도 낮게 내용물을 담는 것이 좋습니다.
- 종이컵 안쪽에 식용유를 살짝 바르고 반죽을 넣으면 구워진 달걀빵이 잘 떨어집니다.

세팅

RECIPE 12
하이토스트

 온도 170℃   시간 7분 (5분 » 뒤집어서 » 2분)

재료(2인분)
통식빵 1/2개
버터 2큰술
설탕 2큰술

만들기
1 식빵은 삼각형 모양으로 큼직하게 자릅니다.
2 실온에서 말랑해진 버터를 식빵 전체에 골고루 바른 뒤 설탕을 고루 묻혀줍니다.
3 **2**의 식빵을 에어프라이어에 넣고 170℃에서 5분간 노릇하게 구운 다음 뒤집어서 2분 더 구워줍니다.

세팅

CHAPTER 3

채소류

어니언링튀김 | 구운삼각주먹밥 | 가지구이무침 | 모둠채소구이 | 양송이게맛살치즈구이
고구마치즈볼 | 밥피자 | 구운버섯샐러드 | 고구마맛탕 | 단호박에그슬럿
구운두부샐러드 | 두부강정 | 훈제피김치치즈만두 | 잡채김말이튀김
꼬마새송이버섯구이 | 주키니호박샐러드 | 아보카도구이 | 바나나튀김

─ RECIPE 1 ─

어니언링튀김

 온도 170℃   시간 10분 (7분 » 뒤집어서 » 3분)

재료(2인분)
양파 1/2개
밀가루 2큰술
카레가루 2작은술
달걀 1개
빵가루 1/2컵

만들기

1 양파는 링 모양을 살려 1cm 두께로 썬 다음 모양대로 떼어냅니다.

2 비닐봉지에 분량의 밀가루와 카레가루를 넣고 흔들어 고루 섞고 1의 양파를 넣어 가루가 고루 묻도록 흔들어준 뒤 달걀물과 빵가루를 차례로 입힙니다.

3 에어프라이어에 담아 170℃에서 7분간 구운 다음 뒤집어서 3분 더 구워냅니다.

팁

• 밀가루를 묻히지 않으면 달걀물이 금방 흘러내려 빵가루가 잘 묻지 않아요.
• 빵가루에 식용유 1작은술을 넣고 비벼 사용하면 더 바삭하고 고소하게 즐길 수 있어요.
• 양파링은 뒤집지 않고 그대로 구워도 전체적으로 노릇하게 구워지는 편이에요.

세팅

---- RECIPE 2 ----

구운삼각주먹밥

 온도 180℃   시간 10분 (7분 » 뒤집어서 » 3분)

재료(2인분)
밥 1공기
김 1/4장
소금 조금
통깨 조금

간장 양념
간장 1큰술
올리고당 1큰술
맛술 1큰술
참기름 2작은술

만들기

1. 밥에 약간의 소금과 통깨를 넣고 버무려 삼각형 모양으로 만들고, 밥을 반쯤 감을 수 있는 길이의 김 띠를 준비합니다.

2. 1의 밥 겉면에 분량의 재료로 만든 간장 양념을 골고루 발라 에어프라이어에 넣고 180℃에서 7분간 구워냅니다.

3. 2의 구운 밥에 다시 한 번 양념을 바르고 3분 더 구운 뒤 통깨를 뿌리고 김 띠를 둘러 완성합니다.

팁

- 처음부터 밥에 참기름을 넣으면 매끈거려 밥이 잘 뭉쳐지지 않을 수 있으니 참기름은 양념에 넣어주세요.
- 밥을 뭉칠 때 속에 볶은 김치나 참치마요를 넣으면 훨씬 더 고급스러운 맛을 즐길 수 있습니다.

세팅

RECIPE 3
가지구이무침

 온도 180℃ 시간 10분 (7분 » 뒤집어서 » 3분)

재료(2인분)
가지 1개
식용유 1큰술
소금 조금

양념장
국간장 1작은술
간장 2작은술
들기름 1큰술
매실액 2작은술
다진 청양고추 1작은술
다진 홍고추 1작은술
통깨 조금

만들기
1. 가지는 3등분해 다시 웨지 모양으로 자르고 소금을 솔솔 뿌린 뒤 식용유로 오일 코팅을 합니다.
2. 바스켓에 가지를 넣고 180℃에서 7분, 뒤집어서 3분 동안 구워냅니다.
3. 구운 가지에 분량의 양념장을 부어 완성합니다.

팁
- 만들어 바로 먹는 반찬입니다. 따뜻할 때 먹어야 맛있어요.
- 양념장을 곁들이므로 가지에 뿌리는 소금은 밑간이 될 정도로 소량만 사용하세요.

세팅

RECIPE 4
모둠채소구이

| 온도 | 180°C | 시간 | 15분 (10분 » 뒤집어서 » 5분) |

재료(2인분)
호박 1/3개
가지 1/2개
양파 1/2개
파프리카 1/2개
비엔나소시지 5개
마늘 6~7알
식용유 1~2큰술
허브솔트 조금

만들기

1 준비한 채소와 소시지는 한 입 크기로 큼직하게 썰어 준비합니다.

2 1의 채소와 소시지를 비닐봉지에 넣고 허브솔트를 조금 뿌리고 식용유를 1~2큰술 넣어 흔들어 섞어서 전체적으로 밑간과 오일 코팅을 합니다.

3 바스켓에 종이 포일을 깔고 **2**의 채소와 소시지를 넣은 뒤 에어프라이어에 넣고 180℃에서 10분, 뒤섞어서 5분 동안 구워줍니다.

 팁

• 사용하고 남은 냉장고 속 자투리 채소를 처리하기에 좋은 메뉴입니다.

• 채소는 큼직하게 살짝 모양을 비틀어 썰어야 구워냈을 때 훨씬 먹음직스럽습니다.

세팅

─── RECIPE 5 ───

양송이게맛살치즈구이

 180℃ 온도   5분 (뒤집을 필요 없음) 시간

재료(2인분)
양송이버섯 8개
게맛살 1줄
마요네즈 조금
모차렐라치즈 조금
소금 조금
후춧가루 조금

만들기

1 양송이버섯은 기둥을 떼어내고 게맛살은 잘게 다져 준비합니다.

2 1의 다진 게맛살에 마요네즈를 조금 넣고 소금, 후춧가루를 뿌려 섞은 뒤 1의 양송이에 채워 넣고 모차렐라치즈를 올려줍니다.

3 에어프라이어에 2의 버섯을 넣고 180℃에서 5분 정도 구워냅니다.

팁

• 마요네즈는 다진 게맛살이 버무려질 정도로 조금만 넣어 주세요.
• 버섯은 살짝 익혀도 맛있게 먹을 수 있으므로 모차렐라치즈가 노릇해질 정도로만 구우면 충분합니다.

세팅

---RECIPE 6---

고구마치즈볼

 온도 180℃   시간 7분(4분 » 뒤집어서 » 3분)

재료(2인분)
삶은 고구마 2개
모차렐라치즈 조금
달걀 1개
밀가루 1큰술
빵가루 1/2컵

만들기

1. 삶은 고구마는 으깨고 모차렐라치즈는 작게 깍둑썰기 합니다. 으깬 고구마로 모차렐라치즈를 감싸 동그랗게 모양을 잡아줍니다.
2. 달걀을 풀어 달걀물을 만든 다음 1의 둥글게 빚은 고구마 반죽에 밀가루, 달걀물, 빵가루 순서로 튀김옷을 묻힙니다.
3. 2의 재료를 에어프라이어에 넣고 180℃에서 4분, 뒤집어서 3분 동안 구워 완성합니다.

팁
- ①의 과정에서 삶은 고구마가 뻑뻑하면 마요네즈를 조금 넣어 농도를 조절합니다.
- 겉면의 빵가루가 노릇하게 구워질 정도면 고구마 반죽 안의 치즈도 늘어날 정도로 녹습니다.

세팅

———— RECIPE 7 ————

밥피자

온도	180℃	시간	10분 (뒤집을 필요 없음)

재료(2인분)
밥 1/3공기
비엔나소시지 1개
자투리 채소(시금치, 파프리카, 양파 등) 적당량
달걀 1개
모차렐라치즈 3큰술
소금 조금
참기름 조금

만들기
1 비엔나소시지와 자투리 채소는 잘게 다져 준비합니다.
2 달걀을 풀고 찬밥과 **1**의 소시지와 채소, 모차렐라치즈 1큰술, 소금, 참기름을 넣고 잘 섞어줍니다.
3 종이 포일을 둥글게 접어 그릇 모양을 만들어 **2**의 재료를 넣고 남은 모차렐라치즈를 올린 다음 에어프라이어에 넣어 180℃에서 10분간 구워냅니다.

 팁
머핀 컵처럼 두껍게 올리면 아래쪽 달걀물이 익지 않을 수가 있으니 타르트 틀처럼 넓게 펴서 그릇 모양을 잡아야 합니다.

세팅

RECIPE 8
구운버섯샐러드

 온도 180℃   시간 10분 (7분 » 뒤집어서 » 3분)

재료(2인분)
새송이버섯 1개
느타리버섯 50g
표고버섯 50g
만가닥버섯 50g
가지 1/2개
올리브유 조금
파르메산치즈가루 조금
로메인 3장
발사믹글레이즈 조금

만들기
1 버섯은 모양을 살려 길게 찢거나 썰고, 가지는 스틱 모양으로 잘라 준비합니다.
2 1의 재료에 올리브유를 소량 둘러 오일 코팅을 하고 파르메산치즈가루를 솔솔 뿌려줍니다.
3 2의 버섯과 가지를 에어프라이어에 넣어 180℃에서 7분, 한 번 뒤섞어서 3분 동안 구운 다음 적당히 찢은 로메인 위에 올리고 발사믹글레이즈를 뿌려 냅니다.

 팁
파르메산치즈가루에 염분이 많으므로 따로 소금 간을 할 필요가 없습니다.

세팅

RECIPE 9

고구마맛탕

| 온도 | 180℃ | 시간 | 15분 (10분 » 뒤집어서 » 5분) |

재료(2인분)
고구마 2개
검은깨 조금
식용유 1~2큰술

시럽
설탕 1/2큰술
물 1큰술
올리고당 2큰술
소금 조금

만들기

1 고구마는 껍질째 깨끗이 씻어 한 입 크기로 썰어 찬물에 담가 전분기를 뺀 다음 물기를 깨끗이 닦아 오일 코팅을 합니다.

2 에어프라이어에 넣고 180℃에서 10분, 한 번 뒤섞어서 5분 동안 굽습니다.

3 팬에 분량의 시럽 재료를 넣고 바글바글 끓기 시작하면 약불로 줄여 **2**의 고구마를 넣고 버무린 뒤 검은깨를 뿌려 냅니다.

팁

• 맛탕용 고구마로는 호박고구마보다 밤고구마가 잘 어울립니다.
• 시럽을 만들 때는 따로 섞거나 젓지 말고 그대로 설탕이 녹도록 끓여주세요.

세팅

RECIPE 10
단호박에그슬럿

온도	180℃	시간	13~15분 (10분 » 140℃로 낮춰 » 3~5분)

재료(2인분)
미니 단호박 1개
달걀 1개
슬라이스 체더치즈 1장
모차렐라치즈 1/3컵

만들기
1. 단호박은 껍질을 깨끗이 씻은 뒤 전자레인지에 넣고 3~5분 동안 돌려 2/3 정도 미리 익혀둡니다.
2. 1의 단호박의 뚜껑을 도려내고 씨를 긁어낸 다음 달걀을 깨뜨려 넣고 치즈를 넣어줍니다.
3. 2의 단호박을 에어프라이어에 넣고 180℃에서 10분간 구운 뒤 140℃로 낮추어 3~5분 동안 더 구워냅니다.

팁
- 단호박의 크기와 두께에 따라 전자레인지에서 익히는 시간을 조절해주세요.
- 단호박의 크기에 따라 단호박 속의 달걀이 익는 속도도 달라집니다. 호박이 좀 크다 싶으면 굽는 시간을 약간 늘려주세요.

세팅

RECIPE 11
구운두부샐러드

 온도 | 200℃

 시간 | 10분 (7분 » 뒤집어서 » 3분)

재료(2인분)
두부 1/2모(150g)
녹말가루 2큰술
카레가루 1작은술
새싹채소 조금
식용유 조금

간장소스
간장 1큰술
맛술 1큰술
설탕 1작은술
다진 마늘 1/2작은술
참기름 1큰술

만들기
1. 두부는 직사각형 모양으로 도톰하게 썰어 식용유를 겉에 바른 뒤 녹말가루와 카레가루를 가볍게 묻혀둡니다.
2. **1**의 두부를 에어프라이어에 넣고 200℃에서 7분, 뒤집어 3분 굽습니다.
3. 분량의 재료를 섞어 간장소스를 만듭니다. 새싹채소는 씻어 물기를 완전히 빼고 **2**의 두부에 올린 다음 간장소스를 뿌려 완성합니다.

팁
- ①의 과정에서 두부에 식용유를 충분히 바르고 가루류를 묻히면 가루가 기름을 흡수하기 때문에 오일 스프레이로 식용유를 따로 뿌리지 않아도 바삭하게 구워집니다.
- 최고 온도인 200℃에서 구워도 두부 자체에 수분이 많아 쉽게 타지 않습니다.

세팅

RECIPE 12

두부강정

온도	200℃	시간	10분 (7분 » 뒤집어서 » 3분)

재료(2인분)
두부 1/2모(150g)
슬라이스 아몬드 조금
녹말가루 3큰술
식용유 조금
소금 조금
후춧가루 조금

소스
토마토케첩 1+1/2큰술
올리고당 1+1/2큰술
간장 1작은술
고추장 1작은술

만들기
1 두부는 네모나게 썰고 소금, 후춧가루를 조금 뿌린 뒤 바삭한 식감을 위해 표면에 식용유를 바르고 녹말가루를 가볍게 뿌려줍니다.
2 1의 두부를 에어프라이어에 담아 200℃에서 7분간 굽고 뒤집어 3분간 더 굽습니다.
3 분량의 소스 재료를 팬에 넣고 끓인 다음 2의 구운 두부를 넣고 버무린 뒤 슬라이스 아몬드를 뿌려 마무리합니다.

팁
• ①의 과정에서 두부에 식용유를 충분히 바르고 가루류를 묻히면 가루가 오일을 흡수해 오일스프레이를 따로 뿌리지 않아도 바삭한 식감으로 구워집니다.

세팅

RECIPE 13
춘권피김치치즈만두

 온도 　180℃　　 시간　7분 (5분 » 뒤집어서 » 2분)

재료(2인분)
춘권피 8장
다진 김치 1/2컵
양파 1/4개
두부 1/4모(75g)
모차렐라치즈 조금
스파게티소스 2큰술
식용유 조금

만들기
1 김치와 양파를 볶다가 으깬 두부와 스파게티소스를 넣고 국물 없이 빠득하게 볶아 한김 식혀줍니다.
2 춘권피를 펼치고 테두리에 물을 바른 다음 **1**의 재료와 모차렐라치즈를 조금 넣고 사각 모양으로 접어줍니다.
3 **2**의 춘권피 겉면에 식용유를 묻혀 에어프라이어에 넣은 다음 180℃에서 5분, 뒤집어 2분 바삭하게 구워냅니다.

 팁
- 두부가 들어가면 김치의 염도를 낮출 수 있어요.
- 춘권피가 얇으므로 만두소를 조금만 넣어야 만두 모양을 예쁘게 만들 수 있어요.

세팅

RECIPE 14
잡채김말이튀김

 온도 **180°C**   시간 **7분(뒤집을 필요 없음)**

재료(2인분)
식은 잡채 300g
김 2장
밀가루 2큰술
달걀 1개
빵가루 1/2컵

만들기
1. 4등분한 김 한쪽 끝에 잡채 1젓가락 정도의 양을 길게 펼친 다음 김밥을 말 듯 돌돌 말아줍니다.
2. 1의 재료에 밀가루, 달걀물, 빵가루 순서로 튀김 옷을 입힙니다.
3. 에어프라이어에 넣고 180°C에서 7분간 구워 완성합니다.

 팁
김의 끝부분에 튀김 옷으로 준비해둔 달걀물을 살짝 바르면 김을 말았을 때 풀어지지 않고 잘 붙어요.

세팅

RECIPE 15
꼬마새송이버섯구이

 온도 180℃   시간 7분(5분 » 뒤집어서 » 2분)

재료(2인분)
꼬마새송이버섯 150g
양파 1/4개
마늘 5알
식용유 조금
소금 조금
후춧가루 조금

양념
참기름 1작은술
통깨 조금

만들기
1. 꼬마새송이버섯은 씻어 물기를 제거하고 양파는 한 입 크기로 자르고 마늘은 굵직하게 편으로 썰어 준비합니다.
2. 1의 재료에 식용유와 소금, 후춧가루를 뿌려 조물조물 무쳐줍니다.
3. 에어프라이어에 담아 180℃에서 5분 정도 굽고 위아래 자리를 바꾸어 2분 정도 더 구운 다음 볼에 담아 참기름, 통깨를 뿌려 마무리합니다.

팁
- 보관용보다는 즉석 반찬으로 좋은 메뉴입니다.
- 오일 코팅을 살짝 해서 구우면 팬에 볶은 듯 촉촉해요.

세팅

RECIPE 16
주키니호박샐러드

 온도 180℃   시간 10분 (7분 » 뒤집어서 » 3분)

재료(2인분)
주키니호박 1/3개
베이비채소 조금
소금 조금
후춧가루 조금

들깨소스
간장 2작은술
국간장 1작은술
매실액 1큰술
다진 홍고추 조금
다진 풋고추 조금
들깻가루 2큰술
들기름 1큰술

만들기
1. 주키니호박은 0.7cm 두께로 도톰하게 썰어 오일 코팅을 한 뒤 소금, 후춧가루를 뿌려둡니다. 베이비채소는 씻어 물기를 빼둡니다.
2. 에어프라이어에 1의 주키니호박을 담아 180℃에서 7분간 굽고 뒤집어 3분간 더 구워냅니다.
3. 2의 구운 호박에 분량의 재료로 만든 들깨소스를 뿌리고 물기 빼둔 베이비채소를 곁들여서 냅니다.

팁
- 호박을 너무 얇게 썰면 수분이 빠져 부피가 줄어드니 조금 도톰하게 썰어 굽는 것이 좋습니다.
- 종이 포일을 깔고 구우면 중간에 호박에서 수분이 나와 흥건해질 수 있으니 종이 포일 없이 바스켓에 바로 넣고 굽는 게 좋아요.

세팅

---- RECIPE 17 ----

아보카도구이

온도	180℃	시간	7분(뒤집을 필요 없음)

재료(2인분)
아보카도 1개
메추리알 2개
파르메산치즈가루 조금
다진 베이컨 조금
소금 조금

만들기

1. 아보카도는 반으로 자르고 씨를 도려냅니다.
2. 1의 씨를 파낸 자리에 소금을 조금 뿌리고 메추리알을 깨뜨려 넣은 뒤 파르메산치즈가루와 다진 베이컨을 뿌립니다.
3. 2의 재료를 에어프라이어에 넣고 180℃에서 7분 정도 구워냅니다.

 팁

- 완전히 말랑말랑한 아보카도보다는 으깨지지 않을 정도로 약간 단단한 아보카도가 구워내기 더 좋습니다.

세팅

---- RECIPE 18 ----

바나나튀김

| 온도 | 180℃ | 시간 | 7분 (5분 » 뒤집어서 » 2분) |

재료(2인분)
미니 바나나 6개
달걀 1개
밀가루 2큰술
빵가루 1/2컵
발사믹글레이즈 조금

만들기
1 바나나는 껍질을 벗겨 준비합니다. 일반 바나나라면 한 입 크기로 잘라 주세요.
2 달걀을 풀어 달걀물을 만들고 1의 바나나에 밀가루, 달걀물, 빵가루를 차례로 묻힙니다.
3 2의 바나나를 에어프라이어에 넣고 180℃에서 5분간 굽다가 뒤집어 2분 더 바삭하게 구운 후 발사믹글레이즈를 뿌려 냅니다.

 팁
바나나를 그냥 구우면 흐물거리는 식감이 되지만 튀김옷을 입혀 구우면 겉은 바삭하고 속은 부드러운 맛을 즐길 수 있어요.

세팅

CHAPTER 4
시판제품류

소떡소떡 | 순대구이(feat. 양파윈장마요) | 김치칠리프라이즈 | 순살너깃유린기
돈가스샌드위치 | 치킨텐더토르타아랩 | 훈제오리구이(feat. 부추샐러드)
만두탕수 | 옥수수버터구이 | 콘치즈 | 떡국떡강정 | 라면땅
납작만두샐러드 | 오지치즈프라이즈 | 햄시버거 | 베이컨떡꼬치

RECIPE 1

소떡소떡

 온도 180°C   시간 10분 (5분 » 뒤집어서 » 5분)

재료(2인분)
비엔나소시지 6개
떡볶이떡 9개
식용유 조금

소스
토마토케첩 1큰술
올리고당 1큰술
고추장 1작은술
간장 1작은술

만들기
1 떡은 끓은 물에 데쳐 말랑하게 준비하고 소시지는 칼집을 내어 데쳐줍니다.
2 꼬치에 소시지와 떡을 번갈아가며 꽂아 겉면에 오일 코팅을 하고, 분량의 재료를 섞어 양념을 만들어둡니다.
3 **2**의 떡꼬치를 에어프라이어에 넣고 180°C에서 5분, 뒤집어 5분 동안 구운 다음 미리 만들어둔 소스를 발라서 완성합니다.

팁
• 떡과 소시지 크기를 비슷한 것으로 고르면 모양이 더 예뻐요.
• 떡볶이떡은 속까지 말랑해질 정도로 데쳐야 꼬치에 끼웠을 때 갈라지지 않습니다.

세팅
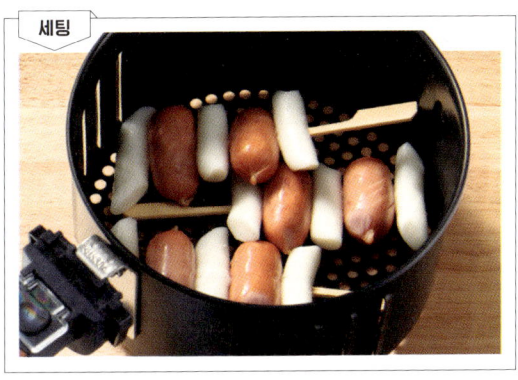

―――――― RECIPE 2 ――――――

순대구이 (feat. 양파된장마요)

온도	180℃	시간	10분 (뒤집을 필요 없음)

재료(2인분)
순대 300g
양파 1/2개
풋고추 1개

된장마요소스
쌈장 1+1/2큰술
마요네즈 1/2큰술
다진 마늘 1작은술
통깨 조금

만들기

1 순대는 큼직하게 한 입 크기로 잘라 에어프라이어에 넣고 180℃에서 10분간 구워냅니다.

2 양파와 풋고추는 한 입 크기로 썰어주고 분량의 재료를 섞어 된장마요소스를 만듭니다.

3 양파와 풋고추를 된장마요소스에 버무려 1의 순대에 곁들여 냅니다.

팁

• 순대는 큼직하게 썰어야 훨씬 먹음직스러울 뿐 아니라 굽는 동안 터지지 않습니다.
• 채소는 소스에 미리 무쳐두면 물이 생기니 먹기 직전에 바로 무치세요.

세팅

―― RECIPE 3 ――

김치칠리프라이즈

 온도 180℃   시간 18분(10분 » 뒤집어서 » 5분 » 양념 넣고 » 3분)

재료(2인분)
냉동 프렌치프라이 100g
슬라이스 체더치즈 1장
모차렐라치즈 조금
다진 양파 1/2컵
다진 소고기 80g
다진 김치 1컵
시판 스파게티소스 3큰술
파슬리가루 조금
식용유 조금

만들기

1 냉동 프렌치프라이는 에어프라이어에 넣고 180℃에서 10분 동안 굽다가 위아래 재료 자리를 바꿔 5분 더 바삭하게 구워줍니다.

2 달군 팬에 식용유를 두르고 양파와 소고기를 볶다가 김치를 넣어 한 번 더 볶은 뒤 스파게티소스를 넣고 국물 없이 바특하게 볶아 준비합니다.

3 바스켓에 **1**의 튀긴 감자와 **2**의 칠리김치를 넣고 체더치즈, 모차렐라치즈를 올린 다음 치즈가 녹을 정도로 180℃에서 3분 더 굽고 파슬리가루를 뿌려 완성합니다.

세팅

팁
잘 익은 김치를 사용해야 훨씬 맛있어요.

―― RECIPE 4 ――

순살너깃유린기

| 온도 | 180℃ | 시간 | 10분 (7분 » 뒤집어서 » 3분) |

재료(2인분)
순살 너깃 200g
풋고추 1개
홍고추 1개
양상추 1/4통
레몬 조금

소스
다진 대파 1큰술
간장 2큰술
식초 3큰술
올리고당 3큰술
참기름 1작은술
후춧가루 조금

만들기

1. 순살 너깃은 에어프라이어에 넣고 180℃에서 7분간 굽다가 뒤집어서 3분 더 굽습니다.
2. 고추는 동그란 모양을 살려 얄팍하게 썰고 양상추는 손으로 찢어 찬물에 담가 물기를 빼둡니다.
3. 분량의 재료를 섞어 소스를 만들고 상큼한 맛을 더해 줄 레몬도 얇게 썰어 준비합니다. 접시에 **2**의 양상추를 깔고 **1**의 너깃을 올리고 고추와 대파를 얹어 낸 다음 먹기 직전에 소스를 뿌립니다.

팁
• 소스는 미리 뿌리지 말고 곁들여내서 먹기 직전에 뿌리면 너깃을 더 바삭하게 즐길 수 있어요.
• 레몬은 즙을 짜서 소스에 넣어도 좋습니다.

세팅

RECIPE 5

돈가스샌드위치

온도	180°C	시간	13분 (10분 » 뒤집어서 » 3분)

재료(2인분)
냉동 돈가스 1장
식빵 2장
채 썬 양배추 1컵
마요네즈 조금
돈가스소스 적당량
후춧가루 조금
식용유 조금

만들기

1. 돈가스는 겉면에 식용유를 조금 묻힌 다음 에어프라이어에 넣고 180°C에서 10분간 굽고 뒤집어서 3분 더 구워줍니다.

2. 양배추는 가늘게 채 썰어 찬물에 잠시 담갔다가 건져 물기를 완전히 뺀 뒤 마요네즈, 후춧가루에 버무려줍니다.

3. 식빵 한쪽 면에 마요네즈를 바른 뒤 **1**의 구운 돈가스를 올리고 돈가스소스를 뿌린 뒤 **2**의 양배추를 올리고 나머지 식빵으로 덮어 완성합니다.

팁

- 돈가스 두께에 따라 굽는 시간을 조절해주세요.
- 양배추를 찬물에 담갔다 물기를 빼서 사용하면 훨씬 더 아삭거리는 식감을 즐길 수 있습니다.

세팅

RECIPE 6
치킨텐더토르티야랩

| 온도 | 180℃ | 시간 | 13분 (10분 » 뒤집어서 » 3분) |

재료(2인분)
치킨텐더 3조각
토르티야 2장
로메인 4장
파프리카 1/4개
슬라이스 양파 2장

소스
허니머스터드소스 조금
스위트칠리소스 조금

만들기
1 치킨텐더는 에어프라이어에 넣고 180℃에서 10분간 구운 뒤 뒤집어 3분 더 구워낸 다음 길쭉하게 썹니다.
2 양파는 링으로 썰고 파프리카는 길게 채 썰고 양상추는 씻어 물기를 빼서 준비합니다.
3 토르티야 윗면에 소스를 바르고 **2**의 채소와 **1**의 치킨텐더를 올린 뒤 토르티야를 가운데로 포개듯 접어 완성합니다.

팁
시판 냉동식품을 에어프라이어로 구워 먹을 때는 소스만 곁들이지 말고 신선 채소를 함께 준비해보세요. 훨씬 맛있게 즐길 수 있습니다.

세팅

RECIPE 7

훈제오리구이 (feat. 부추샐러드)

온도	180℃	시간	10분 (7분 》 뒤집어서 》 3분)

재료(2인분)
훈제오리 300g
영양부추 50g
양파 1/3개

양념
고춧가루 1작은술
액젓 1작은술
국간장 1작은술
설탕 1작은술
참기름 2작은술
깨소금 1큰술

만들기

1. 훈제오리는 에어프라이어에 넣고 180℃에서 7분, 뒤섞어서 3분 정도 구워줍니다.
2. 부추는 한 입 크기로 썰고 양파는 가늘게 채 썰고 분량의 재료를 섞어 양념을 만들어둡니다.
3. **1**의 훈제오리를 그릇에 담고 **2**의 채소와 양념을 가볍게 버무려 곁들입니다.

🍳 팁

- 기름기를 더 빼서 바삭하고 담백한 맛의 오리고기를 즐기고 싶다면 굽는 시간을 늘려도 좋아요.
- 기름이 많은 훈제오리를 구울 때는 기름이 쫙 빠질 수 있도록 바스켓에 종이 포일을 깔지 마세요.

세팅

RECIPE 8

만두탕수

 온도 180℃

 시간 10분 (7분 » 뒤집어서 » 3분)

재료(2인분)
냉동 물만두 20개
사과 1/2개
키위 1개
방울토마토 3개

간장소스
간장 1/2큰술
식초 2큰술
설탕 1+1/2큰술
물 5큰술

녹말물
녹말가루 1작은술
물 1큰술

만들기

1. 물만두는 에어프라이어에 넣어 180℃에서 7분간 굽고 바스켓을 흔들어 재료의 자리를 바꿔서 3분 더 구워냅니다.
2. 과일은 한 입 크기로 썰어두고 분량의 재료로 간장소스와 녹말물도 만들어둡니다.
3. 팬에 **2**의 간장소스를 넣고 끓어오르면 준비해둔 과일을 넣어 뒤섞은 뒤 **2**의 녹말물로 농도를 조절하여 소스를 완성한 다음 구운 만두와 함께 냅니다.

세팅

팁

- 만두탕수를 만들 때는 일반 만두보다는 한 입에 들어가는 작은 물만두가 어울려요.
- 과일이 없으면 양파, 오이 등 채소를 넣고 소스를 만들어도 좋습니다.

― RECIPE 9 ―

옥수수버터구이

| 온도 | 180℃ | 시간 | 10분 (뒤집을 필요 없음) |

재료(2인분)
삶은 옥수수 2개
버터 2큰술
꿀 1큰술
파르메산치즈가루 조금
고운 고춧가루 조금
파슬리가루 조금

만들기

1. 실온에서 녹인 버터와 꿀을 섞어 삶은 옥수수에 고르게 발라줍니다.
2. 에어프라이어에 1의 옥수수를 넣고 180℃에서 10분간 노릇하게 구워줍니다.
3. 2의 구운 옥수수에 파르메산치즈가루를 뿌리고 고운 고춧가루나 파슬리가루를 뿌려 풍미를 더해 완성합니다.

팁

- 버터를 굳이 녹이지 않고 그대로 옥수수에 문질러 사용해도 괜찮아요.
- 삶은 옥수수를 사용하는 거라 옥수수 겉면이 군데군데 노릇할 정도로만 구우면 됩니다.

세팅

— RECIPE 10 —

콘치즈

온도	180℃	시간	5분(뒤집을 필요 없음)

재료(2인분)
통조림 옥수수 1컵
베이컨 1줄
마요네즈 1큰술
모차렐라치즈 1/2컵
파슬리가루 조금
후춧가루 조금

만들기

1 통조림 옥수수는 체에 밭쳐 물기를 빼고 베이컨은 잘게 잘라 준비합니다.
2 1의 옥수수와 베이컨에 마요네즈와 후춧가루를 넣어 버무려줍니다.
3 에어프라이어 바스켓에 종이 포일을 깔고 2의 재료를 담고 모차렐라치즈, 파슬리가루를 뿌린 다음 에어프라이어에 넣어 모차렐라치즈가 노릇해질 정도로 180℃에서 5분 내외로 구워냅니다.

 팁

파슬리가루는 색감을 더하는 용도이므로 없다면 생략해도 상관없어요.

RECIPE 11

떡국떡강정

 온도 180℃ 시간 10분 (7분 ≫ 뒤집어서 ≫ 3분)

재료(2인분)
떡국떡 200g
꿀 1큰술
검은깨 조금
슬라이스 아몬드 조금
식용유 1큰술

만들기
1 떡국떡에 식용유를 골고루 발라줍니다.
2 에어프라이어에 **1**의 떡을 넣고 180℃에서 7분간 굽다가 뒤집어 3분 더 구워냅니다.
3 **2**의 구운 떡국떡이 뜨거울 때 꿀에 재빨리 버무리고 검은깨와 슬라이스 아몬드를 뿌려 완성합니다.

 팁
기름에 튀겨내는 것과 달리 식으면 딱딱해질 수 있으니 조금씩 만들어 따뜻하고 말랑할 때 바로 드시는 걸 추천합니다.

세팅

RECIPE 12
라면땅

온도	160°C	시간	7분 (5분 » 뒤집어서 » 2분)

재료(2인분)
라면 1봉지
라면수프 1작은술
설탕 1/2작은술

만들기
1 라면은 한 입 크기로 부숴 준비합니다.
2 에어프라이어에 **1**의 라면을 넣고 160°C에서 5분간 구운 뒤 뒤집어 2분 더 구워냅니다.
3 **2**의 구운 라면에 라면수프와 설탕을 솔솔 뿌리고 가볍게 섞어 완성합니다.

 팁
- 면발이 두꺼운 라면보다는 얇은 라면을 사용해야 과자처럼 바삭합니다.
- 구운 라면에 가루 재료를 섞을 때 비닐봉지에 한꺼번에 넣고 흔들면 양념이 고르게 묻어 편리합니다.

RECIPE 13
납작만두샐러드

| 온도 | 180℃ | 시간 | 10분 (7분 » 뒤집어서 » 3분) |

재료(2인분)
납작만두 3개
양배추 1/8통
당근 1/4개
양파 1/2개
오이 1/2개
적채 1/8개

초고추장 양념
고추장 2큰술
식초 1큰술
설탕 1큰술
올리고당 1큰술
간장 1작은술
참기름 1큰술
통깨 조금

만들기
1. 납작만두는 에어프라이어에 넣고 180℃에서 7분간 구운 뒤 뒤집어 3분 더 구워냅니다.
2. 채소는 모두 얇게 채 썰어 준비합니다.
3. 1의 튀긴 납작만두를 한 입 크기로 자르고 2의 채소를 가지런히 담아 분량의 재료로 만든 초고추장 양념을 곁들입니다.

팁
- 바삭한 식감을 원하면 굽기 전 만두에 오일 코팅을 해주세요.
- 채소를 초고추장에 미리 버무려 낼 경우 너무 가늘게 채 썰면 금방 숨이 죽으니 굵게 채 썰어주세요.

세팅

RECIPE 14
오지치즈프라이즈

 온도 180℃   시간 18분(10분 ≫ 뒤집어서 ≫ 5분 ≫ 치즈 넣고 ≫ 3분)

재료(2인분)
냉동 웨지감자 200g
슬라이스 체더치즈 2장
모차렐라 치즈 1/2컵
비엔나소시지 2개
파슬리가루 조금

요구르트드레싱
무가당 플레인요구르트 3큰술
마요네즈 1큰술
꿀 1작은술
파슬리가루 조금

만들기
1 냉동 웨지감자는 에어프라이어에 넣고 180℃에서 10분 굽고 흔들어서 자리를 바꿔 5분 더 구워줍니다.
2 체더치즈는 한 입 크기로 자르고 비엔나소시지는 동그란 모양을 살려 썰어둡니다.
3 바스켓에 담은 채로 1의 구운 감자에 2의 재료를 올리고 모차렐라 치즈가 녹도록 180℃에서 3분 정도 더 구운 다음 분량의 재료를 섞어 만든 요구르트드레싱을 곁들여 냅니다.

팁
오지치즈프라이즈는 치즈를 녹여 먹는 음식인 만큼 처음부터 종이 포일에 재료를 담아 에어프라이어에 넣고 구워내면 꺼내서 그대로 낼 수 있어 편리합니다.

세팅

─── RECIPE 15 ───

해시버거

| 온도 | 200℃ | 시간 | 15분 (10분 » 뒤집어서 » 5분) |

재료(2인분)

해시브라운 2개
베이컨 2줄
슬라이스 토마토 2조각
양파 2조각
로메인 2장
모닝빵 2개
피클 4~5조각
돈가스소스 3큰술

만들기

1. 해시브라운을 에어프라이어에 넣고 200℃에서 10분 구운 다음 해시브라운을 뒤집고 베이컨을 옆에 넣어 5분 더 구워줍니다.
2. 토마토와 양파는 슬라이스한 것을 준비하고, 로메인은 씻어 물기를 빼줍니다.
3. 모닝빵을 반으로 가른 뒤 잘린 단면에 돈가스소스를 바르고 구운 해시브라운과 베이컨, 채소, 피클을 켜켜이 올려 완성합니다.

 팁

해시브라운은 꼭 냉동 상태로 구워내세요. 해동 후 구우면 모양이 쉽게 부스러집니다.

세팅

RECIPE 16
베이컨떡꼬치

온도	180℃	시간	7분 (5분 » 뒤집어서 » 2분)

재료(3개 분량)
떡볶이떡 9개
베이컨 4줄

만들기
1. 떡볶이떡은 끓는 물에 넣어 말랑하게 데쳐 준비합니다.
2. 베이컨은 떡을 한 번 넉넉하게 감을 정도로 잘라 베이컨으로 떡을 감싼 다음 꼬치에 꽂아 준비합니다.
3. **2**의 꼬치를 에어프라이어에 넣고 180℃에서 5분간 구운 뒤 뒤집어 2분 더 구워 완성합니다.

팁
- 꼬치는 물에 담갔다가 사용하면 타는 걸 방지할 수 있어요.
- 떡은 데쳐서 말랑한 상태라 베이컨이 노릇해질 정도로만 구우면 됩니다.

세팅

초판 21쇄 발행 2023년 1월 30일
초판 1쇄 발행 2019년 2월 1일

지은이 강지현
발행인 손은진
개발 김민정 정은경
제작 이성재 장병미
디자인 design BIGWAVE
사진 이종수
요리 어시스트 강정아 권용주 박은경 편경숙
발행처 메가스터디㈜
출판등록 제2015-000159호
주소 서울시 서초구 효령로 304 국제전자센터 24층
전화 1611-5431 팩스 02-6984-6999
홈페이지 http://www.megastudybooks.com
출간제안/원고투고 writer@megastudy.net

ISBN 979-11-297-0362-0 13590

이 책은 메가스터디㈜의 저작권자와의 계약에 따라 발행한 것이므로
무단 전재와 무단 복제를 금지하며, 이 책 내용의 전부 또는 일부를 이용하려면
반드시 저작권자와 메가스터디㈜의 서면 동의를 받아야 합니다.
잘못된 책은 구입하신 곳에서 바꾸어드립니다.

메가스터디BOOKS는 메가스터디㈜의 출판 전문 브랜드입니다.
유아/초등 학습서, 중고등 수능/내신 참고서는 물론,
지식, 교양, 인문 분야에서 다양한 도서를 출간하고 있습니다.